콜드콜링, 상위 1%
세일즈 리더들의 특급 노하우

프로미스
PROMISE

프로미스

초판인쇄	2019년 4월 10일
초판발행	2019년 4월 15일

지은이	박주민
발행인	조현수
펴낸곳	도서출판 더로드
마케팅	최관호 최문순
IT 마케팅	신성웅
편집교열	김남제
디자인 디렉터	오종국 Design CREO

ADD	경기도 고양시 일산동구 백석2동 1301-2 넥스빌오피스텔 704호
전화	031-925-5366~7
팩스	031-925-5368
이메일	provence70@naver.com
등록번호	제2015-000135호
등록	2015년 06월 18일
ISBN	979-11-6338-027-6-03320

정가 15,000원

콜드콜링, 상위 1%
세일즈 리더들의 특급 노하우

프로미스
PROMISE

박주민 지음
국내 1호 콜드콜링전문가

도서
출판 **더로드**
The Road Books

"모든 비즈니스의 진정한 시작은 약속잡기다"

콜드콜링(Cold Calling)은 낯선 고객에게 자사의 상품이나 서비스를 전화로 구매를 권유 또는 유도하는 일체의 아웃바운드 세일즈를 의미하지만, 실질적으로는 만남을 목적으로 미팅 약속을 이끌어내는 세일즈 기술에 해당한다고 할 수 있습니다.

만남은 세일즈를 일으키는 중요한 관문이며, 거의 모든 낯선 고객과의 만남을 위한 약속 잡기는 '전화 걸기'로부터 시작이 됩니다.

또한 만남이 잘 이루어지면 세일즈의 실적은 횟수에 비례해서 성장하는 것이 일반적입니다. 그런데, 생각보다 영업을 하시는 많은 분들이 전화를 하는 것에 대해 힘들어합니다.

그중에서도 낯선 기업고객 내부의 의사 결정권자와의 만남을 위한 전화 걸기에 많은 어려움을 호소합니다. 솔직히 말씀드리면 보이는 모습과 스펙과는 상관없이 너무나 아마추어적인 경우가 많습니다. 왜일까요?

필자의 첫 콜드콜링의 기억은 2000년대 초반으로 거슬러 올라갑니다. 당시 삼성전자 국내영업사업부에서 근무하던 저는 자체 기술이 없던 DLP 프로젝터 제품의 시장확대를 위해 책임을 지고 낯선 기업 고객들에게 파트너쉽 제안을 위한 콜드콜링을 하기 시작했습니다.

반응이 어땠을까요? 네, 그다지 어렵지 않게 만남을 가질 수 있었습니다. 제품 경쟁력이 없어 파트너쉽 진행은 어려웠어도 만남 자체를 하는 데엔 별다른 어려움이 없었습니다.

그런데 문제는 필자가 10년 이상의 대기업 생활을 마감하고 중소기업으로 옮긴 후부터였습니다. 이때에도 신규 고객확보를 위한 영업 목적으로 콜드콜링을 전개합니다. 이때에는 어땠을까요? 가망고객이 저를 잘 만나 주었을까요? 네, 만남은 가질 수 있었습니다.

그런데 문제는 한 번의 전화로 만남을 이끌어내기까지 상당한 에너지를 필요로 했습니다. 한마디로 더 많은 설명을 해야 했고 더 열심을 내야만 했습니다. 그런데 결정적인 것은 지금부터입니다.

야심 차게 저의 개인사업을 시작한 2010년의 일입니다. 저는 투자를 받기 위해 동종 업계의 유력한 핵심 인물들을 찾아 콜드콜링을 전개합니다. 그런데 이번에는 만남 자체가 매우 어려웠습니다.

자신감과 기대에 찬 사업제안서를 들고 찾아가 당장이라도 내 브리핑을 듣고 나면 바로 눈앞에 투자금을 내놓을 것이라는 부푼 마음을 품고 있던 저에게 수화기를 타고 들려오는 음성은 이런 것들이었습니다.

"지금은 바빠서 통화가 어려운데요.""누구시라고요? 사장님은 이런 전화 받지 않습니다.""자료나 먼저 보내주세요.""관심 없습니다. 뚜뚜뚜뚜…." 안타깝게도 만남을 갖기가 매우 어려웠습니다.

당시 저의 심정이 어땠을까요? 네, 이루 말할 수 없이 속상했고 자존심이 무척 상했습니다. 아마도 정도의 차이는 있겠지만 영업을 해보신 분들이라면 이와 같은 경험을 여러 번 겪어 보셨을 겁니다.

방금 말씀드린 저의 사례를 통해 우리는 알 수 있습니다. 첫 번째 케이스의 경우 가망고객들은 필자에 대한 아무런 정보가 없었음에도 대기업이라는 네임벨류에 대한 신뢰와 호감을 가지고 있었기 때문에 별 다른 저항이 없었습니다. 오히려 환영을 해 주었다는 표현이 맞을 것입니다. 그러나, 중소기업을 거쳐 개인사업의 영역에 다가가면서 저항은 빈번히 그리고 강하게 다가오게 되었죠. 저는 속으로 이렇게 되뇌었습니다.

'아, 약속만 잡을 수 있다면 브리핑을 통해 나의 진면목을 보여줄 수 있을 텐데…'

필자는, 현재 국내 1호 콜드콜링 전문가라는 타이틀로 기업 및 개인 고객들을 대상으로 콜드콜링 세일즈를 강의하고 코칭하는 활동을 활발히 하고 있습니다. 그리고 강의 후 대부분의 교육생들로부터 열렬한 지지와 극찬을 받고 있죠. 제가 이 책을 쓰게 된 배경 중의 하나이기도 합니다.

어느 중소기업의 B2B 세일즈를 하는 한 영업사원은 저를 만난 것이 마치 망망대해에서 나침반을 발견한 것 같다는 말씀까지 주셨습니다.

아웃바운드 영업을 전문적으로 하는 기업의 경우 보통 4시간에서 8시간에 이르는 강의를 진행하는데, 강의 후 한결같이 나오는 얘기들을 정리해 보면 "이 강의는 단순한 약속잡기 전화영업 기술을 배우는 것이 아니라 세일즈의 기본을 되새겨 진정한 영업인으로 성장케 도와준다. 세일즈맨으로서 반성과 더불어 자신감을 회복하는 시간이었다.

이제는 어떠한 고객이든 자신감을 가지고 콜드콜링을 할 수 있게 되었다며 빨리 돌아가 고객들에게 전화를 돌리고 싶다."라고까지 말하며 연신 감사함을 전해옵니다. 어떻게 이러한 일들이 가능할 수 있게 되었을까요?

이 책이 다루는 내용

본문에서 말씀드리겠지만 필자에겐 콜드콜링과 친숙해지는 특별한 계기가 있었습니다. 이후, 국내에서는 찾아볼 수 없는 해외의 선진 콜드콜링 관련 자료들을 찾아 연구하기 시작했습니다.

이 책은 바로 24년간 비즈니스 현장에서 얻어진 저의 경험과 통찰 위에 세계 최고 레벨의 콜드콜링 스크립트들을 분석하여 하나의 틀로 묶은 – 대한민국 영업인이 출간한 – 국내 최초의 콜드콜링 전문 서적이라고 할 수 있습니다.

이 책의 핵심은 기업고객을 대상으로 영업활동을 전개하는 중소 · 중견 기업의 영업사원들 및 개인사업자가 해당 기업 내 의사결정자 또는 담당자와의 원활한 접촉 즉, 미팅 약속을 이끌어내는 전략과 기술들을 익히는 데 있습니다.

물론, 약속 이외에도 세일즈맨(이하, 편의상 영업을 전개하는 모든 사람들을 세일즈맨으로 명기함)이 다루는 제품과 목표, 전략 등에 따라 개인고객 대상 및 즉시 판매영역까지도 응용이 가능할 것입니다. 이 책에서 다루는 주요 내용들을 정리하면 다음과 같습니다.

- 낯선 기업의 의사결정자 또는 담당자와의 미팅 약속을 이끌어내

는 방법

• 낯선 고객의 정보를 수집하고 효율적으로 분류하여 컨택하는 방법

• 짧은 시간 안에 자신의 가치를 극대화하고 신뢰감과 호감을 주는 방법

• 신규 고객 개척을 두렵지 않고 즐겁게 느끼는 원리를 이해

• 세일즈를 성공시키는 핵심 원리를 이해

• 자부심으로 가득한 프로 세일즈맨으로 거듭나기

이 책의 대상 독자층

이 책은 기본적으로 기업 및 여러 기관 등을 대상으로 하는 중소·중견기업 세일즈맨 및 개인사업자들의 신규고객 개척 영업활동을 돕기 위하여 만들어졌습니다.

하지만 이 책에 나오는 세일즈의 기본원리와 통찰, 기술들은 어떠한 판매상황에서도 유용하게 적용될 수 있습니다. 예를 들어 기업고객 중에서도 가령 대표이사와 같은 특정인을 공략하려는 측면에서 보면 보험설계사나 카 세일즈맨의 B2C 비즈니스와 크게 다르지 않습니다. 오히려, 기업의 특성을 고려하여 스마트하게 접근을 하기 때문에 보다 높은 세일즈 성사율을 만들어 낼 수 있습니다.

다음과 같은 분들에게 추천해 드립니다.

- 기업고객 및 각종 기관 등을 대상으로 영업하고자 하는 중소·중견기업의 영업사원 및 영업관리자
- 모든 타입의 프리랜서, 개인사업자, 작가, 펀드매니저, 보험설계사, 카 세일즈맨, 강사 등의 1인 기업가
- 전화 비즈니스를 하는 고객센터 내 상담사 및 TM 관련 종사자
- 아웃바운드 영업이 필요한 거의 모든 업종의 에이전시, 리쿠르터, 헤드헌터 등의 종사자
- 기업체 내에 영업교육을 담당하는 책임자 및 실무자
- 벤처창업을 준비 중인 대학생
- 현직에 있는 퇴직 예정자 및 독립하여 새로운 사업을 구상 중인 관리업무 종사자 등 살아오면서 영업, 개척 등의 영역과는 담을 쌓고 살아오신 분들

이 책이 주는 혜택들

이 책이 주는 가장 큰 혜택은 무에서 유를 창출할 수 있는 구체적인 고객 개척의 기술과 프로 세일즈맨으로서의 확고한 프로세스 개념의 정립, 여기에 더해 어떤 분야에서든지 스스로 시장을 개척해 나아갈 수 있는 자신감을 얻을 수 있다는 점입니다.

우연히 대학생들을 대상으로 강의를 나갔을 때 이런 질문을 던진 적이 있습니다.

졸업 후 세일즈를 해서 많은 돈을 벌고 싶은 사람과 자신만의 벤처 기업을 창업하고 싶은 사람, 둘 중에 어떤 쪽을 택하겠습니까? 하고 물었더니 놀랍게도 많은 친구들이 후자를 선택했습니다. 여러 이유 중 그들의 인식 속에 자리 잡은 세일즈는 한마디로 '을로서 갑에게 끌려가는 힘든 직업'이었습니다.

이러한 세일즈에 대한 부정적 인식이 자리 잡게 된 데에는 기성 영업인들의 책임이 크다고 생각됩니다.

사실 세일즈의 본질은 오히려 그 반대이기 때문이죠. 끌려가기 보다는 주도적이며 고객의 주치의로서 고객의 고통을 진단하고 가치를 제공하여 문제를 해결해주는 SP(문제해결자 : Solution Provider)로서의 전문가적 역할이 세일즈맨의 본모습이기 때문입니다.

필자는 지금이야말로 세일즈맨의 본 모습 즉, 야성을 회복해야 하는 시기라고 생각합니다. 그리고 그 출발점이 콜드콜링이라고 자신 있게 주장합니다.

지금부터 저는 여러분들을 우아한 콜드콜러로 변신시켜 드리고자 합니다. 지금까지의 애원하고 만남을 구걸하는 방식이 아닌, 등에서 식은땀이 흐르고 입이 바짝바짝 메말라가는 콜드콜링이 아닌 고객 스스로가 여러분들을 만나고 싶어 하게끔 만드는 스마트한 솔루션을 제시할 것입니다.

오랜 세월 대한민국은 집단주의 문화 안에서 지인 영업 위주로 영업 문화가 형성되어 왔습니다.

문제는 이 과정에서 프로세스는 무시되고 주먹구구식의 영업 활동이 활개를 쳐왔다는 점입니다.

이러한 배경들이 세일즈와 세일즈맨에 대한 부정적인 인식을 낳는데 적지 않은 일조를 해 온 것이 사실입니다.

그러나 콜드콜링은 이 모든 잘못된 관행들을, 의식들을 올바른 방향으로 이끌어줄 것이라고 확신합니다.

이 책은 세일즈 전체를 다루지는 않습니다.

하지만 진정한 세일즈맨의 야성을 일깨우고, 자부심을 갖고 자신감 있게 세일즈 활동을 펼칠 수 있도록 실제적인 도움을 드릴 것입니다. 그렇게 되었을 때 앞으로는 많은 학생들에게 저와 같이 말해주시기 바랍니다.

"오늘날 기업들의 경영자들이 가장 고심하는 문제가 바로 세일즈입니다."

여러분 사업의 무한 성장을 진심으로 기원하며

저자 **박 주 민**

Contents | **목 차**

PART

제1장

성공 세일즈를 향한 첫 걸음 :
콜드콜링 이해하기

66

시도하지 않으면
아무것도 할 수 없다

- 지그 지글러 -

99

마케팅은 유튜브, 세일즈는 콜드콜링

기업은 고객과 소비자가 있는 곳에 돈을 씁니다. 이제 기업들은 전통적인 미디어에 지출해오던 광고비를 모바일 플랫폼 기반으로 대폭 옮겨가고 있습니다. 또한, '2019, 대한민국 트렌드'에서 조사한 자료를 통해, 오늘날 기업들이 유튜브를 마케팅의 주요 수단으로 이용해가고 있음을 짐작할 수 있습니다.

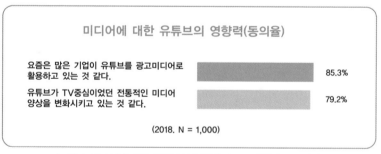

(그림 1. 미디어에 대한 유튜브의 영향력, 2019 대한민국 트렌트)

언제부터인가 TV를 거의 보지 않고, 유튜브 위주로 컨텐츠를 소비하고 있는 필자의 일상만 보아도 공감이 가는 내용입니다. 반면, 세일 즈는 기업 내 유일한 수익창출원으로서 그 가치와 의미가 점점 높아 져 가고 있습니다. 전세계적인 저성장의 경제 구조, 온라인 마켓 플레 이스의 다변화는 제품의 공급 과잉과 소비자의 구매 선택 증가로 오 히려 고객 확보가 더 어려워지는 시장의 역설을 낳았습니다.

이젠 더 이상 경비 절감과 인원 감축만으로는 급변하는 시장에서 살아남을 수 없으며, 꾸준한 실적만이 기업의 생존을 가능하게 한다 는 인식이 확산되면서 그동안 소홀히 대해 왔던 영업력 강화에 만전 을 기하려는 모습들을 쉽게 찾아볼 수 있습니다.

하지만 문제점도 동시에 발견됩니다. 돈을 잘 써야 하는 마케팅과 달리 영업은 돈을 잘 벌어야 하는데 그 역량이 영 신통치가 않은 것입 니다. 돈을 벌려면 우선 경쟁이 치열한 곳을 피해야합니다.

영업하려는 재화나 서비스는 시간이 갈수록 제값을 받을 수 없을 뿐만 아니라 상품과 브랜드의 가치를 하락시켜 장기적으로는 수익을 악화시키기 때문입니다. 결국 답은 새로운 시장을 창출하는 것에 있 는데 그러한 역량은 가르쳐주지 않고 엉뚱한 것들에 아까운 시간을 소비합니다.

책상에서 배운 지식은 세일즈의 전문성을 이렇게 정의합니다. '영 업사원이 길러야 할 전문성은 고객의 욕구를 정확하게 파악하고 이를 해결해주는 능력이다. 단순히 매출을 올리기 위해 관리의 영업을 해서는 안된다. 고객의 변화와 시장의 변화를 제대로 파악하고 읽을 수 있도록 해야 한다.' 틀린 말은 아닙니다만 이 지점에서 필자는 꼭 묻고 싶은 게 있습니다.

"그 고객의 변화와 시장은 도대체 어디서 파악하고 읽을 수 있는 것이죠?"

그렇습니다. 그 해답은 오직 고객으로부터 찾을 수 있는 것입니다. 그것은, 유튜브로, 소셜 네트워킹으로, 지인 추천만으로 해결되는 문제가 아닙니다. 직접 고객을 만나서 리얼한 그들의 일상과 필요를 들어야 알 수 있는 것입니다. 하지만, 우리의 세일즈맨들은 어디서 고객을 찾아야 하고, 무엇을 파악해야 하는지를 잘 모릅니다. 어찌어찌해서 가망고객을 선정하고 겨우 접촉을 시도는 합니다만 결정적으로 가망고객들은 세일즈맨을 잘 만나주지 않습니다. 기업이나 기관에서 실시하는 영업사원 역량 개발 교육 프로그램을 보면 '고객 유형별 영업 상담 스킬', '프레젠테이션 역량 강화', '매출을 향상시키는 영업 클로징' 등 멋진 프로그램들이 참 많습니다.

필자는 이런 프로그램들을 볼 때마다 항상 그런 궁금증을 가지게 됩니다. 정작 이와 같은 역량을 발휘할 고객이 없는 영업조직은 어떻게 고객을 확보하는 것일까? 물론, 위에 언급한 교육들도 필요한 교육이긴 하지만 문제는 고객을 만난 이후에 전개해야 하는 프로그램들이 대부분이라는 점입니다. 정작, 세일즈에서 제일 중요한 고객을 개척하는 프로그램들이 상대적으로 많이 취약함을 느끼게 됩니다. 시중에 나와 있는 세일즈 서적이나 교육 기관에서 진행되는 신규 고객 개척 관련 컨텐츠를 봐도 원론적인 수준에서 크게 벗어나지 못하고 있음을 보게 됩니다. 중요한 사실은 영업 관리 역량만으로는 영업실적을 증가시킬 수 없다는 것입니다. 이제는 현상유지도 어렵습니다. 이는 마치, 연극배우가 맡은 캐릭터를 철저하게 연구하고 대본을 연습하지만 정작 찾아오는 관객이 없는 것과 같습니다.

지금 우리에게 필요한 것은 고객인데 말입니다. 마케팅은 첨단화된 뉴미디어에 편승하는 경향이 짙은 분야입니다.

그래서 오늘날 기업들은 유튜브나 넷플릭스와 같은 매체에 집착하게 됩니다. 그래서 또 다른 새로운 매체가 나오게 되면 그곳으로 재빠르게 향할 것입니다. 하지만 세일즈는 다릅니다.

미래가 어떻게 변모해 갈지는 잘 모르지만, 세일즈는 고객을 만나서 이야기를 나누어야 처방이 내려지는 비즈니스입니다. 단순히 계약의 문제를 말하려는 것이 아닙니다. 또 일부에서는 세일즈의 과학화에 대해서도 언급합니다만, 앞으로도 당분간은 세일즈맨의 개인적 역량이 더 많은 역할을 할 것으로 보입니다.

그 역량의 중심에 콜드콜링이 있으며, 콜드콜링 역량이야말로 PART 2에서 다루게 될 프로스펙팅 역량과 더불어 세일즈맨과 세일즈 조직을 살리는 최고로 전문화된 영업 도구가 될 것입니다.

콜드콜링의 역량은 자신이 하는 일과 회사에 대한 충성심과 자부심을 만들어 줍니다. 짧은 통화 시간을 통해 강한 응집력으로 고객에게 다가가야 하고 1:1로 마주한 고객과의 최전선에서 회사의 대표성을 가지고 책임감 있게 행동하지 않으면 고객의 관심을 사로잡을 수 없기 때문입니다. 콜드콜링의 역량은 진정한 영업전문가로 거듭나게 해줍니다. 이것은 자연스러운 절차를 통해 이루어집니다.

만일, 여러분이 멋진 이성과 만남을 위한 약속이 잡혔다고 가정해 봅니다. 건강한 여러분이라면 분명 어떤 이야기를 나누어야 할지에 대해 고민하게 될 것입니다, 맛집을 포함한 데이트 코스의 동선도 고려해야 합니다. 예의 바르고 정중한 태도에 대해, 배려가 있는 화술에 대해서도 공부하게 될 것입니다.

마음에 드는 이성일 경우를 대비해 필자라면 데이트가 끝난 후의 마무리 전략도 짜 놓을 것입니다. 그렇습니다. 프로포즈 역량은 나중에 준비해도 늦지 않습니다. 콜드콜링 역량만 제대로 장착하면 세일즈 상에서 일어나는 거의 모든 과정에 대해 세일즈맨 스스로의 학습이 일어나 해당 분야의 전문가가 되는 것은 시간문제가 될 것입니다. 마지막으로 매출과 수익은 흔하게 듣는 말로 따라오게 될 것입니다. 최근, 시장의 조짐이 심상치가 않습니다.

전통적인 유통 기반의 기업들은 갈수록 빠져나가는 고객들로 인해 고심이 깊어지고 있습니다. 그중에서도 브랜드와 마케팅에 취약한 중소기업들은 상황이 더욱 심각합니다. 유감스럽게도 이들은 유튜브 마케팅에 신경을 쓸 여력도 없어 보입니다. 그럼에도 불구하고 희망적인 것은 이 난관을 아웃바운드 세일즈로 돌파하려는 영리한 기업들이 점점 늘어나고 있다는 것입니다.

여기에 최근 10여 년 동안 소셜 네트워킹 기반에 가려져 홀대 받아왔던 전화 비즈니스의 유효성이 실리콘밸리 내 IT 기업들을 중심으로 재확인되면서 아웃바운드 세일즈가 다시 한번 비상의 조짐을 보이고 있습니다. 이 물결은 곧 국내에서도 일어날 것으로 보입니다.

세일즈 비즈니스에서 진정한 성공을 원하시나요? 실질적인 고객을 확보해 지속 가능한 수익을 창출하고 싶으신가요?

그렇다면 여러분의 선택은 무엇이 되어야 할까요? 유튜브인가요? 아님 콜드콜링인가요?

02

내게 다가온 특별한 친구, 콜드콜링

2016년 1월, 그해 겨울은 유난히 더 춥게만 느껴졌습니다. 2009년 야심 차게 시작한 저의 개인사업을 정리하는 순간이었기 때문입니다. 폐업신고서에 마지막 사인을 한 후 세무서를 나오는 순간 작은 한숨이 흘러나왔습니다. 나름 열심히는 한 것 같은데 여러 가지로 힘에 부쳤던 기억들, 그리고 무엇보다 저만 바라보고 계셨던 부모님께 한없이 부끄럽고 죄송스러운 마음이 들었기 때문입니다. 그런데 얼마 후 친한 친구로부터 한 통의 전화가 걸려왔습니다. "주민아 너 나랑 같이 교육사업 같이 해보지 않을래?"

친구가 제안해 온 건 기업을 대상으로 자신의 협상교육 콘텐츠를 같이 팔아 보자는 것이었습니다. 하지만 필자는 그런 영업을 해 본 적도 없고 자신이 없어 뒷걸음을 쳤습니다. 결정적으로 당시 필자는 코치가 되기 위해 공부를 준비 중이었기에 할까 말까를 놓고 고민을 했습니다. 그런데 이미 제 머릿속에선 예전에 다녔던 회사 동료와 후배들, 학교 동창과 선후배들의 명단을 작성하고 있었더랬죠. 얼마 후 우린 선릉역 근처에 사무실을 하나 차리고 곧바로 영업을 시작했습니다. 함께 한 이들 중엔 소위 왕년에 영업 쪽으로 한가락 했던 분도 계셨습니다. 그렇게 열심히 한두 달간을 지인들을 위주로 영업을 했더니 더 이상 접촉할 만한 대상이 없게 되었습니다. 난감하던 차에 필자는 도전적인 목표를 세우게 됩니다. 구글을 열심히 검색하다가 대한민국 1,000대 상장회사 리스트를 보게 된 것입니다.

"그래 이 기업들의 교육담당자들에 게 전화를 걸어 다 한번 만나보자. 그리고 우리의 교육 상품을 제안해보자"

이렇게 결심을 한 후 처음엔 무작정 전화를 걸어보기 시작했습니다. 예상했던 대로 어떤 기업들은 안내데스크 직원들로부터 거절을 당하기도 했습니다. 하지만 절실함을 가지고 최대한 진정성을 다해 다가갔습니다. 과거의 경험을 되살려 전화할 때마다 전문가다운 느낌을 주는 것도 잊지 않았습니다. 그런 결과로 하루하루 가망고객과의 만남이 잦아지더니 조금씩 매출도 일어나기 시작했습니다.

교육 영업의 특성상 바로바로 매출이 일어나지는 않았지만 분명한 건 희망이 보였습니다. 이때까지도 필자는 '콜드콜링' 이라는 것을 하고 있다는 걸 인식 하지 못했습니다. 뭐 알 필요도 없었지요. 그저 낯선 기업의 가망고객들과의 만남을 끊임없이 이어가는 것. 그것만이

제가 할 수 있는 최선이라고 생각했을 뿐입니다. 사업을 시작한 지 3개월쯤 되니 동료 간 기업고객과의 약속잡기에 있어 현격한 실력 차가 벌어지기 시작했습니다. 함께 일하던 동료들은 아무리 콜드콜링을 해도 약속이 잘 잡히지 않는 것입니다. 반면, 제가 전화만 하면 약속이 턱턱 잡히는 것이었죠. 물론, 필자 역시 수많은 거절을 당하기도 하고 연결이 안 되는 경우도 많았지만, 동료들과 비교했을 때 신기할 정도로 약속을 잘 잡아가니 다들 혀를 내둘렀습니다.

어느 새부터인가 함께 공용으로 쓰던 웹캘린더엔 필자가 잡은 약속들만이 빽빽하게 빈 공간들을 채우고 있었기 때문입니다. 그렇게 하루도 빠짐없이 6개월간 하루에 보통 50통에서 많게는 100통 가까이 콜드콜링을 했더니 대략 8천 500여 통을 했다는 걸 알았습니다. 저녁때는 제안서를 써야 했고, 낮에는 하루 종일 미팅을 다녀야 했던 걸 감안하면 환영해주지 않는 대상을 상대로 콜드콜 8천 500여 통은 결코 적은 통화량이 아니었습니다.

지금 생각해보니 뭔가에 홀린 듯이 콜드콜링의 세계에 빠져들었던 것 같습니다. 그렇게 필자는 남들이 무척이나 꺼리는 콜드콜링과 친구가 되었습니다. 오로지 절실함과 열정이 만들어낸 인연이었습니다.

모든 비즈니스는 만남으로부터 시작된다

스스로 창업을 한 경우를 제외하고 보통의 경우 대부분의 사람들은 회사에 입사하게 됩니다. 이때 해당 회사에서 유일하게 돈을 벌어다 주는 파트는 영업부서입니다.

보통 영업부서에 배치된 직원은 처음에 선배들의 고객사를 따라다니며 업무를 익히게 되죠. 이후 어느 정도 업무 파악이 끝나고 업력이 생기게 되면 영업관리자는 선배들이 관리하는 고객사 중 일부를 신입직원에게 맡겨 영업활동을 시키게 됩니다.

이때 불행하게도 경기가 좋고 회사의 실적이 지속될 경우 이 신입직원은 새로운 고객사를 창출할 기회를 거의 퇴사할 때까지 상실하고 맙니다. 왜냐하면 기존의 고객사만 관리를 잘해도 회사 운영에 전혀 차질이 없기 때문입니다.

아마도 이러한 경우는 전체 대한민국의 기업시장으로 놓고 보면 대기업을 포함한 몇몇 강소기업들에 해당하는 아주 부러운 이야기처럼 들릴 것입니다. 하지만 잘 한번 생각해 볼까요.

이와 같이 탄탄한 고객 채널을 확보하고 있는 기업들도 사업 초창기에는 분명 엄청나게 고생을 했을 것입니다. 사업주를 포함한 개국공신이라 불리는 지금의 임원들이 힘을 합쳐 발에 땀이 나도록 불철주야 시장을 일구었을 것입니다.

신규 거래처는 물론 정책적 혜택을 얻어내기 위해 관련 공기관의 담당자와의 만남을 성사시키고자 어쩌면 갖은 수모를 겪었을지도 모릅니다. 만남은 이렇듯 힘겨우면서도 모든 비즈니스의 첫 단추를 끼우는 매우 중요한 단계입니다.

"아니 이렇게 당연한 이야기를 왜 하느냐고요?"

지금부터 이 당연한 이야기가 당연하게만 들리지 않을 몇 가지 사례들을 말씀드리겠습니다. 고객사의 매장들을 아웃소싱으로 대행하여 운영하는 견실한 중소기업 회사 A가 있습니다. 회사 A는 고객사 매장의 직원 채용에서부터 구매와 판매 전 영역에 이르기까지 관리, 감독하며 실적까지도 도맡아 운영을 하게 됩니다. 회사 A는 심지어 멀리 중국 시장까지 진출하여 적극적인 영업활동을 하는데요. 회사의 앞날이 곧 영업에 달려 있기 때문입니다.

그리고 회사 A영업전략의 핵심은 바로 '브리핑'에 있었습니다. 왜냐하면 대부분의 예비 고객사들의 마인드 속에 '아웃소싱'이라는 개념이 거의 없거나 있어도 그 효용성을 제대로 인식하고 있지 못하는 경우가 대부분이기 때문입니다. 그래서 열심히 브리핑의 기회를 가지고자 콜드콜링을 합니다. 그렇지만 언제나 그렇듯 예비 고객사들의 반응은 차갑기만 합니다.

그래서 이름이 콜드콜링인 건 알겠는데 정말이지 답답하기 짝이 없습니다. 회사 A의 콜드콜러들은 한숨을 내쉬며 이런 말을 합니다. "의사결정자를 만나 브리핑 기회만 확보하면 게임은 끝인데 담당자조차 만나기가 어려우니 이거 원." 자신감과 아쉬움이 진하게 베어 나오는 소리였습니다. 이번엔 국내 레이저 관련 부품회사에서 B2B 영업을 담당하는 세일즈맨 B 씨의 이야기입니다. 이 기업 역시 해당 분야에서는 기술력을 인정받아 멀리 호주와 미국에까지 고객을 확보한 견실한 중소기업입니다.

이곳에서 열심히 영업을 하여 실적을 쌓아 인정을 받은 B씨는 미국 시카고 지사의 책임을 맡아 1년 넘게 파견 생활을 하고 한국으로 돌아옵니다. 그런데 B씨는 돌연 개인사업을 선언하고 회사를 떠나게 되죠. 그런데 안타깝게도 개인사업에 실패한 B씨는 다시 회사 대표의 부름을 받아 과거 자신이 일했던 곳으로 되돌아오게 됩니다.

하지만 과거와 달리 영업활동이 순조롭지가 않습니다. 아무리 전화를 해도 담당자를 만나기가 쉽지 않습니다. 스크립트를 다시 만져보고 수정도 해 보았지만 상황은 나아지지 않았습니다. 거기다 레이저 부품 영업은 도면 설계까지 해야 하는 관계로 낮에는 신규 고객을 영입하고, 밤에는 설계 작업을 해야 하는데 도통 고객을 만날 수가 없으니 매일 시간만 남아도는 처지가 된 것입니다.

B씨는 예전에는 겪어보지 못했던 고객 만남의 어려움을 피부로 느끼기 시작했고 급기야 어떻게 해야 할지를 몰라 마음만 타들어 가게 됩니다. 두 가지 사례에서 보듯 비즈니스 세계에서의 만남 그중에서도 자사의 상품이나 서비스를 처음으로 소개하기 위한 만남은 결코 간단한 문제가 아닙니다. 안타까운 것은 아무리 상품이 훌륭하고 서비스가 탁월할지라도 고객을 만날 수 없으면 판매는 커녕 영업기회조차 잡을 수가 없게 되는 것이지요. 심지어 만남을 위한 영업력은 영업을 오랫동안 해 온 분들이라고 해서 잘하는 분야가 결코 아니라는 것입니다. 눈치를 채셨는지 모르겠지만 위의 두 이야기는 모두 저의 콜드콜링 강의와 코칭을 받은 기업 및 개인고객의 사례입니다.

모두 저의 강의와 코칭을 받으신 후 문제의 상당 부분을 해결하셨고 B씨의 경우 망망대해에서 잃어버린 나침반을 찾은 것 같다며 만족해하셨죠. 이 외에도 많은 사례들이 있습니다만 결국, 공통적인 주제는 '모든 비즈니스의 시작은 만남이며 그 첫 번째 만남을 가지기가 너무 어렵다.'는 점이었습니다.

그리고 만남을 이끌어내는 데 있어 결정적인 길목에는 언제나 콜드콜링이 자리하고 있었습니다.

탑 세일즈 매니지먼트의 성공 엔진을 장착하라

당신의 가장 큰 경쟁상대는 누구인가요? A사인가요? B사인가요? 그것도 아니면 함께 입사한 동기 C군 인가요?

그럼 이번엔 질문을 좀 바꾸어 보겠습니다.

당신의 세일즈 실적을 방해하는 가장 위협적인 경쟁상대는 누구인가요? 물론, 정답은 없습니다만, 제가 힌트를 좀 드리겠습니다.

많은 세일즈맨들이 이 경쟁상대로 인해 현실에 안주하고 성장을 멈추게 됩니다. 이로 인해 매출이 좋을 땐 좋고 나쁠 땐 더할 나위 없이 나빠져 세일즈를 금세 포기하게 만들기도 합니다.

심할 경우 회사의 경영 자체가 흔들리거나 망하는 지름길이 되기도 합니다. 이 위협적인 친구의 이름은 과연 무엇일까요? 그건 바로 '현상 유지'입니다.

다른 분야에서도 마찬가지겠지만 세일즈만큼 현상 유지의 마인드가 가져다주는 피해가 큰 영역도 드물 것입니다. 우리는 보통 기업에서 내년도 혹은 올해의 살림살이를 위해 경영계획이라는 것을 짜게 됩니다. 하지만 필자는 세일즈를 하는 개인이나 조직에겐 생존계획이라는 이름을 붙이도록 합니다.

엄밀히 말해 세일즈 부서를 제외한 다른 부서들은 이번 달에 해야 할 목표들을 달성하지 못했다고 해서 생존 자체에 큰 위협을 받지는 않습니다. 다소 미진한 혹은 부진한 항목으로 정해두고 다음 달 혹은 다음 분기에 더 분발하면 그만입니다.

하지만 세일즈 부서는 그런 식의 마인드로는 유지해 나아갈 수가 없습니다. 왜일까요? 너무나 많은 변수가 세일즈 목표를 달성하기 어렵게 하기 때문입니다. 이번 달에 계약하기로 했던 A사가 혹은 B씨가 돌연 마음을 바꾸어 다른 곳과 계약을 해버립니다.

경쟁사의 허를 찌르는 신제품 출시로 자사의 특정 상품군의 매출이 주춤하게 되기도 합니다. 거래처의 거래처가 부도를 내 자금이 막혀 이번 분기는 물론 올해 매출 계획에 막대한 차질이 예상됩니다.

나라 안의 크고 작은 사건, 사고들이 겹쳐 시장은 얼어붙고 소비는 위축됩니다. 어디 그뿐인가요, 우리하고는 상관도 없을 것 같은 해외에서의 수많은 전쟁과 테러, 금융사태 등은 며칠 만에 우리의 세일즈 환경을 헤집고 들어와 풍비박산을 만들기도 합니다.

만일 세일즈를 하는 사람이 또는 조직이 현상 유지에 사로잡혀 있다면 극복할 방법은 그리 많지 않을 것입니다. 일찍이, 세계적인 컴퓨터 제조 회사로 명성을 날린 IBM은 고객 중심의 솔루션 세일즈 조직으로 혁신을 단행하면서 파이프라인이라는 세일즈 플랫폼을 정착시키게 됩니다. 쉽게 말해 미래의 판매 예측 시스템을 구축한 것인데 오늘날 기업들의 세일즈 실무와 관리를 연결하는 세일즈 매니지먼트의 교과서와 같은 기업이 IBM이라고 보시면 되겠습니다.

파이프라인은 영업을 단계별로 세분화하여 말단 영업사원부터 최고위층까지 하나로 연결하는 수많은 영업기회들의 집합체입니다.

이를 통해 불안정한 환경 속에서도 안정된 매출 관리를 할 수 있게 되는 것입니다. 이때 가장 중요한 파이프라인 지표관리중 하나가 새로운 영업기회 즉, 리드(Lead) 파악입니다. 리드는 다른 말로 고객의 관심 단계 포착이라고도 불리는데 이를 확인하는 최고의 방법은 뭐니 뭐니 해도 '전화 걸기'입니다.

아무리 메일을 보내고 DM을 발송한다 하더라도 회신율과 속도, 정보의 정확성 면에서 전화를 따라올 수 없기 때문입니다.

이 때 궁극적인 전화 걸기의 목적은 철저하게 BANTC에 기반한 고객사의 정보 파악이 되어야 합니다.(B : 예산 Budget / A : 의사결정자 Authority / N : 관심사항 Needs / T : 도입일정 Timeline / C : 확인점검 Condition) 그리고 그 첫 단추는 언제나 그렇듯 콜드콜링입니다. 꾸준한 콜드콜링은 다양한 리드를 축적시켜 다음 달, 다음 분기 이상의 판매를 그릴 수 있도록 도와줍니다. 그러다보니 수주영업이 발달한

B2B 기업들은 자연스럽게 콜드콜링을 문화로 정착시킵니다.

어떤 기업의 경우는 신입 영업사원이 들어오면 제일 먼저 콜드콜링부터 훈련을 시킵니다.

그런데 훈련을 시켰음에도 불구하고 해당 영업사원의 콜드콜링 역량이 발전이 없을 경우 몇 개월 안에 과감한 정리 수순을 밟는 게 좋을 것이라고 조언합니다. 그럴 가능성도 희박하지만 다른 어떠한 영업활동을 잘한다 할지라도 콜드콜링이 안된다는 것은 신규영업 진행이 안된다는 것을 의미하기 때문에 서로를 위해 빠른 작별이 유익하다고 판단한 것입니다.

이렇듯, 콜드콜링은 현상 유지에 머무르려 하는 나약함을 극복해 주고 미래의 판매실적을 예측하여 신규영업을 가능케 하는 최고의 성장 엔진인 것입니다. 비단, 기업뿐만이 아닙니다.

실제로 필자는 24년 동안 세일즈 현장을 누비면서 소위 성공한 탑 레벨의 세일즈맨들을 만나거나 수많은 성공사례들을 접할 수 있었습니다. 그런데 놀랍게도 대부분의 성공한 세일즈맨들은 현상 유지에 머무르지 않는 끊임없는 콜드콜링 활동을 하고 있었습니다.

이들은, 예측이 쉽지 않은 세일즈의 바다에서 마르지 않는 자신들만의 샘들을 만들어 가고 있었던 것입니다. 그리고 끊임없이 콜드콜링을 통해 자신을 채찍질하며 한발 한발 성장해 나아가고 있었습니다. 이는 마치 농부가 씨를 뿌리고 한땀 한땀 정성을 다해 밭을 일구어 가는 농부의 일상과 다르지 않았습니다.

그리고 그 끝에는 언제나 풍성한 수확이 그들을 기다리고 있었습니다.

계급장 떼고 붙는 정면 승부, 복면가왕

일요일 MBC의 간판 예능 프로그램 중 복면가왕이라는 프로그램이 있습니다. 벌써 횟수로만 5년 차가 된 이 프로그램의 가장 큰 매력은 무엇일까요? 아무래도 출연진의 정보가 전혀 공개되지 않은 상태에서 오직 노래 실력 하나로만 평가받는 시스템에 있지 않을까 싶습니다.

이곳에는 과거의 배경이나 인기도, 혹은 화려한 외모나 그 이외의 어떠한 요소도 평가 대상이 될 수 없습니다. 오직 관객과 평가단의 마음을 훔칠 수 있는 노래 실력만이 필요할 뿐입니다.

필자는 이 프로그램을 볼 때마다 콜드콜링의 특성과 매우 비슷하다는 생각을 하게 됩니다.

오직 전화선을 타고 들리는 목소리 하나에 의지한 채 단 수십 초만에 가망고객의 마음을 사로잡아 미팅 약속을 잡아내는 능력. 그 바탕에 깔린 콜드콜러의 자신감 있고 정중한 태도, 신뢰감과 호감이 느꺼지는 목소리, 시간이 흐를수록 전문가다운 당당한 스피치에서 어느 덧 고객의 마음은 열리게 됩니다.

곧이어 고객 스스로가 약속날짜를 지정해 만나자는 제안이라도 해 오게 되면 이는 단순한 약속을 넘어 때론 감동으로 다가오기도 합니다. 다시 복면가왕으로 돌아와서, 과거에는 비주얼 때문에 혹은 적절한 프로그램을 못 만나 제대로 주목받지 못해 잊혀졌던 한 가수가 새롭게 음원이 출시되어 인기를 얻게 됩니다.

프로그램 종료 후 이와 같은 결과는 이 프로그램이 출연진에게 주는 가장 큰 혜택이 아닐까 싶습니다. 콜드콜링 역시 마찬가지입니다. 경우에 따라 제대로 된 사무실 하나 갖추어져 있지 않을지라도, 보여 주기식의 근사한 영업용 고급 차가 없을지라도 오직 전화기 하나만으로도 평소 누구나 만날 수 없고, 쉽게 방문도 어려우며, 아무나 출입이 안 되는 곳을 당당하고 자유롭게 들어갈 수 있게 만들어 주는 것이 콜드콜링의 혜택인 것입니다. 참으로 매력적이지 않을 수 없습니다.

계급장을 떼고 붙는 정면 승부란 바로 이런 것이 아닐까요? 이번엔 골프 이야기를 잠깐 해볼까 합니다. 골프는 여러모로 세일즈와 비슷하다는 생각입니다. 세일즈의 진행 단계는 크게 Opening – Doing – Closing 3단계로 나눌 수가 있는데요, 골프 역시 T샷(Opening) – 필드 플레이(Doing) – 퍼팅(Closing) 이렇게 3단계로 나눌 수가 있습니다. 이때, 골프의 T샷은 Opening에 해당하는 콜드콜링과 매우 유사합니다. 골프의 T샷은 가장 정형화된 스윙을 하는 단계로 해당 홀의 시작을 알리는 매우 중요한 첫번째 샷이 됩니다. 만일, 샷이 빗겨 나가서 OB나 헤저드(정상 경로 이탈)에라도 빠지게 되면 정상적인 게임 운영이 어려워지게 되는 거죠.

그리고 다른 필드 플레이(Doing)나 퍼팅(Closing)처럼 환경이 다양하게 펼쳐지진 않습니다. 즉, 어느 홀에서 치든 굴곡이 없는 평지 위 고정된 티(tee)에 공을 얹어 치게 되므로 골퍼는 언제나 같은 궤적의 베스트 스윙을 치는 데 중점을 두어야 합니다.

이는 마치 콜드콜러가 전화를 걸 때마다 스크립트 상의 동일한 프로세스를 준수해야만 하는 것과 유사합니다. 골프는 입문 후 T샷이 제일 어려워 보이고 그 다음 순으로 쉬워 보이는 듯하나 계속해서 치다 보면 그 반대라는 것을 알 수 있습니다. 즉, 골프를 치면 칠수록 퍼팅이 제일 어렵다는 걸 금세 깨닫게 되는 거죠. 세일즈도 이와 같습니다.

처음엔 콜드콜링이 제일 어렵게 느껴지지만 제대로 익혀만 놓으면 골프의 T샷처럼 어느새 쉽고 재미있게 느끼실 수 있습니다.

흔들리지 않는 제대로 된 T샷을 치고 싶다. 계급장 떼고 제대로 된 정면승부를 펼쳐보고 싶다 하는 세일즈맨에게 있어 콜드콜링은 결코 어려운 기술이 아닙니다.

종종 OB나 헤저드로 빠질 수는 있지만 이내 안정적인 샷을 게임 내내 유지하게 될 테니까요.

06

나도 약속을 잡을 수 있는
세일즈맨이 되고 싶다

한 사람의 세일즈맨이 전화를 걸기 시작합니다.

'뚜르르 뚜르르~ 뚜르르 뚜르르~' 통화음이 길어지는 순간 불안감이 엄습해옵니다. 오만가지 생각도 함께 올라옵니다. '음 전화 받는 사람이 무섭고 권위적인 부장이면 어떻하지' '분명 내 목소리를 듣자마자 시간 없다며 전화를 끊을지도 몰라' '아 어떡하지 막상 전화를 했는데 아무 말도 안 하면 난 정말 떨릴 것 같은데…' 이렇듯 부정적인 생각은 꼬리에 꼬리를 물고 결국엔 상대가 전화를 받기도 전에 내가 먼저 전화를 끊어버리고 싶은 충동마저 들게 됩니다.

결국, 이 세일즈맨은 수화기를 타고 근엄하게 들려오는 가망고객의 목소리에 기가 죽어 말 한번 제대로 못 하고 아무 소득도 없이 전화를 빨리 끊어야만 했습니다.

여기 또 한 명의 세일즈맨이 있습니다. 전화를 걸기 전 세일즈맨은 긴장된 마음을 추스르고자 우선 물 한잔을 마십니다.

그리고, 경직된 성대를 풀기 위해 목소리를 가다듬고 어떠한 질문을 할지 또 상대의 예상 질문에 어떻게 대응해야 할지에 대한 토크 스크립트도 다듬어 봅니다. 몇 번을 연습하고 난 후 잠시 이미지 트레이닝을 해 봅니다. '오늘 통화할 가망고객과의 원만한 대화를 통해 우리 회사의 상품과 서비스 소개를 위한 첫 번째 만남이 꼭 이루어질 거야' 이렇게 긍정적인 마음 훈련까지 마치고 나면 자신감도 올라가고 전화를 하는 족족 미팅이 성사될 것만 같습니다.

마지막으로는 고객이 바로 자신 앞에 있다고 상상하고 거울을 보며 입꼬리를 살짝 올리고 전화를 겁니다. 역시 결과는 예상대로였습니다. 자신감 충만하고 신뢰와 호감이 묻어 나는 콜드콜링에 가망고객은 미팅 약속을 흔쾌히 수락해 주었습니다.

위의 두 세일즈맨의 비교를 통해 우리는 무엇을 알 수 있을까요? 전자의 세일즈맨은 콜드콜링 자체가 괴로움인 반면 후자의 세일즈맨에게 있어 콜드콜링은 고객을 끊임없이 창출해내는 실적 엔진이 되는 것입니다. 콜드콜링이 잘 훈련된 세일즈맨은 그만큼 가망고객을 더 많이 확보하게 되어 지속 가능한 수익을 내는 것은 물론이거니와 어떠한 세일즈 영역에서도 자신감을 가지고 임할 수 있는 최강의 무기를 장착하게 되는 것입니다.

이렇듯 콜드콜링은 대다수의 세일즈맨들에게 두렵고 하기 싫은 일이 되기도 하지만 성공을 지향하는 세일즈맨들에게는 반드시 극복해야만 하는 세일즈의 핵심기술 영역인 것입니다. 그렇다면 콜드콜링을 함에 있어 우리는 어떠한 것을 목표로 삼아야 하며 어떻게 해야 그 역량을 끌어올릴 수 있을까요? 우선적으로 콜드콜링은 그 자체가 판매의 도구이기보다는 가망고객과의 첫 만남 즉, 약속 잡기를 목표로 잡는 게 맞습니다.

그것이 오늘날 세일즈맨들에게 요구되는 고객의 주치의 역할을 위한 교두보이기 때문입니다. 이를 위해선 가망고객의 심리적 저항선을 뚫고 '이 세일즈맨이라면 꼭 한번 만나서 이야기를 들어보고 싶다' 라는 신뢰감과 호감을 줄 수 있어야 합니다. 콜드콜링을 잘하기 위해 제일 먼저 세일즈맨들이 극복해야 할 것이 있습니다.

바로 두려움입니다. 대면 소통과는 달리 전화라는 매체는 오직 목소리로만 의사전달이 오고 갑니다. 수화음을 타고 들려오는 세일즈맨의 목소리에서 그 두려움의 떨림이 감지되는 순간 가망고객은 심리적 문을 서서히 닫기 시작합니다.

그리고 짓궂게 가망고객은 질문을 하기 시작합니다. 그것도 전혀 예상치 못했던 질문들이나 가격과 같은 민감한 질문부터 말입니다. 그때부터 세일즈맨의 등에선 식은땀이 흐르기 시작하고 입은 바짝바짝 타들어 갑니다.

이렇게 두려움은 세일즈맨의 온몸과 마음을 일시에 마비시키고, 목표로 했던 가망고객과의 만남을 실패로 돌아가게 합니다. 그렇지만 실망할 필요는 없습니다. 두려움을 극복하고 콜드콜링을 잘할 수 있는 방법이 있기 때문입니다. 그것도 일방적인 구애나 강요적 설득이 아닌 매우 우아한 방식으로 말입니다.

이 우아한 콜드콜링 방식은 현존하는 세계 최고 레벨에 해당하는 고급 기술에 해당합니다. 더 좋은 뉴스는 누구나 쉽게 그리고 빨리 역량을 습득하고 강화할 수 있다는 점입니다.

PART 2와 PART 3에서 우리는 그러한 것들을 구체적으로 다루게 됩니다.

PART

제2장

가망고객의 발굴과 조사 :
프로스펙팅(Prospecting)

● ● ●

"

기업이 망하는 가장 큰 이유는
미래를 제대로
예측하지 못했기 때문이다

– 래리 페이지 –

"

01

프로세스와 프로스펙팅을 이해하면
콜드콜링이 즐겁다

만일 누군가가 제게 세일즈를 단 한 단어로 정의해 보라고 한다면 저는 주저 없이 '프로세스'라고 말할 것입니다. 사실 이 질문은 필자가 세일즈 강의 현장에 가면 제일 먼저 교육생들에게 묻는 것입니다. 왜일까요? 이 세상의 모든 세일즈는 프로세스로 시작해서 프로세스로 끝난다고 해도 과언이 아니기 때문입니다.

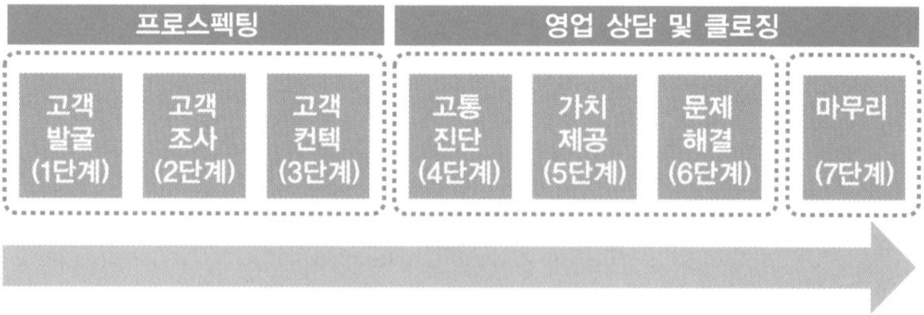

프로스펙팅			영업 상담 및 클로징			
고객 발굴 (1단계)	고객 조사 (2단계)	고객 컨텍 (3단계)	고통 진단 (4단계)	가치 제공 (5단계)	문제 해결 (6단계)	마무리 (7단계)

(그림 2. 기업 대상 세일즈 프로세스)

위의 그림은 기업 영업을 대상으로 하는 세일즈에서 가장 일반적으로 쓰이는 7단계 프로세스입니다. 보시는 바와 같이, 1단계에서 3단계에 해당하는 과정을 '프로스펙팅'이라고 하는데요, 우리가 이야기하고 있는 콜드콜링이 바로 이 단계 속에 위치해 있습니다.

참고로 말씀드리면 이 프로스펙팅의 중요도는 전체 세일즈 단계 중 약 65% 정도를 차지할 만큼 아웃바운드 세일즈에선 절대적인 영역이라고 할 수 있습니다. 그리고 우리가 이야기하고 있는 콜드콜링은 3단계 즉, 고객 컨텍에 해당이 됩니다.

자 그럼 이즈음에서 제가 여러분들께 질문을 하나 드리겠습니다. 그림 1의 프로세스 중 제1단계에서의 목표는 무엇이 되어야 할까요? 너무나 중요해서 다시 한번 여쭙겠습니다. 세일즈 프로세스 7단계 중 1단계 즉, 고객발굴 단계에서 우리의 목표는 무엇이 되어야 할까요? 생각해 보셨습니까? 다소 허무하게 들리실지 모르겠습니다만 제가 원하는 답변은 '다음 단계'입니다.

보통 강의 현장에서 이렇게 말씀을 드리면 대부분의 교육생들은 허탈해하면서도 고개를 끄덕이십니다. '다음 단계'의 의미는 다음과 같습니다. 정상적인 세일즈에서 프로세스의 실행은 온전한 1단계의 마무리가 되었을 때 2단계로 넘어갈 수 있다는 뜻입니다.

2단계에서 7단계까지도 동일한 목표가 적용됩니다. 만일, 1단계 고객발굴 단계에서 우리가 활용하고자 하는 DB의 질이 목표로 하는 시장과 편차가 심할 경우 2단계에서의 고객조사 역시 원활하지 못할 가능성이 높습니다. 2단계에서의 고객 조사가 성실하게 준비되지 못할 경우 3단계에서의 콜드콜링 역시 높은 성공률을 보장받을 수 없습니다.

그래서 콜드콜링은 넓은 의미로 보면 1, 2, 3단계를 다 합친 프로스펙팅과 동일한 개념으로 보는 게 맞습니다. 어떻든 여기서 중요한 개념은 콜드콜링이 단순히 전화를 거는 행위가 아니라는 점입니다. 이것을 프로세스의 한 과정으로 인식하게 될 때 콜드콜링은 결코 말문을 막히게 하는 불쾌함으로만 다가오지 않습니다.

오히려 재미가 느껴집니다. 다음과 같은 개념을 머릿속에 잘 이해하고 탑재하면 가능합니다. '프로스펙팅은 적합한 고객을 찾고 부적합한 고객은 피하는 것'이다.

이렇게 되면 고객의 완강한 거절이든 반복되는 거절이든 전혀 문제가 되질 않습니다. 오히려 속된말로 '땡큐'가 되어 주는 것이죠. 정리하면, 부적합한 고객은 바로바로 명단에서 삭제해 나아가면서 자신에게 적합한 가망 고객 후보군만 추려가면 되는 것입니다. 종종 아웃바운드 세일즈를 전문으로 하는 세일즈맨조차 콜드콜링을 단기 실적 챙기기 차원에서 필요할 때만 하는 경우가 있습니다.

이럴 경우 거절에 대한 불쾌함을 이기지 못해 불필요한 상처를 받거나 자존심이 상해 지금 하는 활동에 대해 혐오감을 가질 가능성이 높습니다. 누구라도 예외가 있을 수 없습니다.

그래서 콜드콜링을 하기 전엔 항상 이 세일즈 프로세스와 프로스펙팅의 개념을 꼭 상기하면서 진행하실 것을 권하는 바입니다.

그렇게 되었을 때 여러분들은 소위 쿨해질 수 있으며 콜드콜링의 진정한 즐거움을 맛보게 될 것입니다.

아울러, 루스벨트의 이 말씀도 같이 기억해 두면 좋습니다.

"이 세상 누구도 당신의 허락 없이 당신에게 열등감을 느끼게 할 수 없다."

02

텔레 프로스펙팅이 가져다주는 혜택들

우리는 지금 프로스펙팅(가망고객의 발굴과 접촉)에 관한 이야기를 하고 있습니다. 그리고 방금 전 프로스펙팅은 적합한 고객을 찾고 부적합한 고객은 피하는 것이라고 정의를 내렸죠.

그리고 그것을 이루어 가는 핵심 도구로서 우리는 전화라는 매체를 이용하고 있습니다. 실리콘 밸리의 세일즈 바이블로 명성을 떨친 한권의 책 [예측 가능한 수익 Predictable Revenue : Turn your Business into a Sales Machine with $100 Million Best Practices of Salesforce.com, by 매릴러 타일러, 애론 로스 , 2011] 에서는 이 전통적인 매체인 전화가 유효한 약속을 확보하는 획기적인 아이디어로서 제시되었으며, 이 책의 증보판 격인 최근 발간된 책 [예측 가능 프로스펙팅 Predictable Prospecting By 매릴러 타일러, 제레미도노반, 2018] 을 통해 더욱더 완벽하게 이를 보충해주고 있습니다.

이 두 권의 책은 최근 십년간 전세계를 강타한 소셜 및 인바운드 세일즈 마케팅에 사로잡힌 많은 세일즈맨들에게 의미 있는 메시지를 전달해 주고 있습니다. 소셜미디어는 분명 가망고객과의 연결을 보다 쉽게 해주는데 있어 일조한 것은 맞지만 그렇게 연결된 가망 고객들을 판매로 연결시키는 데에는 분명한 한계가 있으며 매우 비효율적이기까지 하다는 것이죠.

또 하나 중요한 사실은 아무리 첨단화된 마케팅 도구가 발전한다 할지라도 B2B 아웃바운드 시장에서의 매출은 가장 열심히 그리고 똑똑하게 일하는 세일즈맨을 대체할 수 없다고 보는 시각이 지배적이라는 것입니다. 그리고 그 중심엔 전화를 통한 리드의 생성, 텔레 프로스펙팅(Tele- Prospecting)이 있습니다.

텔레 프로스펙팅은 가장 빠르고, 가장 적은 비용이 들며, 가장 높은 상호작용의 효율성을 가져다주는 세일즈 프로세스입니다.

그럼, 텔레 프로스펙팅이 주는 혜택들에 대해 구체적으로 살펴보겠습니다.

1. 고객발굴을 위한 마케팅 활동에는 무작위 방문, 세미나 개최, 전시회 참가와 같은 직접 참여 형태에서부터 광고, 홍보, DM에 이르기까지 다양합니다.

하지만 이 모든 수단들의 반응률이 1%~3%만 되어도 이미 성공적이라고 평가받고 있다는 것은 이미 그 효과성과 효율적 측면에서 한계가 드러나고 있음을 의미합니다. 무작위 방문은 호불호가 강합니다. 그럴 바엔 차라리 유튜브와 같은 SNS 캠페인에 투자하는 편이 더 나을 것입니다. 그렇지만 이러한 소셜 매체 역시 텔레 프로스펙팅 만큼 고객으로부터 빠른 피드백과 예측 가능성을 보여주지는 못합니다. 그리고 고객의 상황에 따라 판매 프로세스로의 태세 전환과 같은 유연성도 부족합니다. 드문 경우지만 고객의 세일즈 주기와 맞물려 판매가 즉시 일어나기도 합니다.

2. 텔레 프로스펙팅을 시도하는 자체가 영업 파이프라인 제 일선의 리드(Lead) 파악에 해당하기 때문에 텔레 프로스펙팅엔 사실상 실패라는 게 존재하지 않습니다. 리드의 가치가 없는 것은 명단에서 제외하면 그만이고, 가망 고객의 세일즈 사이클 및 니즈의 수준을 파악할 수 있는 것만으로도 이미 유익한 정보를 획득하게 된 것입니다. 그리고 우린 거침없이 다음 단계로 이동하면 되는 것입니다.

3. 무엇보다도 이러한 텔레 프로스펙팅 과정을 통해 여러분의 세일즈 역량은 정교해지고 스스로 동기부여 받게 됩니다.
세일즈에는 판매 이전에 '진전(Advanced)'이라는 개념이 있습니다. 진전은 목표를 달성하기 위한 과정 관리를 의미합니다. 특히, 기업 대상 영업과 같이 장기간 비즈니스(Long Term Business)에서 과정 관리가 안 되면 세일즈는 성공하기 어렵습니다. 과정 관리는 곧 고객과의 소통 관리를 의미하며 세일즈 실적과 직결됩니다.

그리고 진정한 세일즈맨에게 있어 진심 어린 과정 관리는 최고의 인센티브에 해당됩니다.

그리고 이 모든 것들을 1평 남짓한 공간에서 매일 1시간 정도의 꾸준한 투자만으로도 획득이 가능하다는 사실이 믿어지십니까? 거기에 무료 통화까지!

03

고객 DB수집을 위한 다양한 활동들

앞에서 우린 텔레 프로스펙팅에 대해 살펴보았는데요, 영리한 콜드콜러는 무턱대고 전화를 걸지 않습니다. 반드시 사전에 가망고객과 관련한 단서나 정보들을 수집하는 데 시간을 투자합니다. 사실, 콜드콜링의 성패 여부는 이 과정에서 50% 이상 결정된다고 해도 과언이 아닙니다. 흔히들 영업을 '열정' 으로 해야 한다라는 말을 하면서도 정작 고객 정보 수집에 게으른 세일즈맨들이 많습니다.

사실, 세일즈맨에게 있어 '열정' 유무는 고객을 만나기 전 준비 활동 단계에서 파악이 됩니다. 결코 자동차 주행거리 수가 다가 아닙니다. 소득 없이 이곳저곳을 누비는 세일즈맨들은 고객 DB수집 활동에 보다 더 힘을 기울일 필요가 있습니다. 그래서 잠재고객을 가망고객화 하는 콜드콜링의 비법은 의외로 단순합니다.

탁월한 세일즈맨이 되기 위해서는 승부사적인 사냥꾼의 기질과 성실한 농사꾼의 기질 두 가지가 다 필요한데, 지금 필요한 것은 농사꾼의 기질입니다. 사실, 국내 대형 보험사 등에서는 고객 DB를 수집하고 관리하는 프로스펙팅 전담 부서가 따로 있기도 합니다. 그래서 세일즈맨들은 손쉽게 DB를 받아 영업활동을 하게 되는 거죠. 하지만, 무릇 세일즈맨이라면 어떠한 업종에 있든지 직접 고객 DB 수집 활동을 해야합니다. 그래야 집중력과 지혜가 생기고 세일즈 실력이 향상되기 때문입니다. 만일, 그게 어렵다면 주어진 DB를 자신의 DB로 전환시키려는 노력이 필요합니다. 그리고 가급적이면 비용을 들이지 않고 수집해 보시기 바랍니다. 콜드콜링에 필요한 웬만한 기본 정보는 인터넷이나 관련 기업의 홈페이지를 통해 충분히 파악할 수 있기 때문입니다. 하다 보면 나름대로의 재미도 느낄 수 있습니다.

1. 제일 먼저 기초 데이터(raw data)를 뽑아봅니다. 청와대서부터 시작해 각계 부처, 지방자치단체, 각 시군구 상장사 기업리스트, 중소기업 현황정보시스템, 채용 및 구인구직 등의 사이트를 직접 찾아들어가 홈페이지 주소를 확인하고 분류해 봅니다. 공공기관의 경우 담당자 정보가 비교적 상세하게 정리되어 있어 명단을 작성하는 게 용이한 편입니다. 참고로 대한상공회의소는 유료화 서비스로 전환되었습니다.

2. 기업 홈페이지의 경우 정보의 바다입니다. 주로 살펴보실 곳은 회

사의 미션과 연혁, 홍보 기사, 채용공고 부분입니다. 대표이사와 관련된 기사 검색(유튜브 포함)을 통해 최근 활동 사항이나 저서, 칼럼 등이 있는지 추가로 확인해 봅니다. 특이사항들을 엑셀 비고란에 적어두면 나중에 이메일 발송이나 콜드콜링 오프닝 시 창의적으로 활용할 수가 있습니다.

기업의 담당자 연락처가 있는 경우는 거의 드물며 대표 전화번호를 적어둡니다. 주소를 같이 적어두면 나중에 방문 시 같은 지역 내 다른 업체들과 동선을 그려 효율적 방문도 가능합니다.

3. 기본적이지만 신문, 잡지, 정기간행물, 인명록, 업종별 편람도 활용할 수 있습니다. 경제신문은 임원 인사이동이나 보직 변경, 사업 재편에 관한 새로운 이슈가 많이 등장하기 때문에 활용할 수 있는 단서들이 꽤 많습니다. 목표로 하는 회사(군)가 참여 또는 진행하는 행사가 있다면 좋은 기회이니 적극적으로 접촉해 보기 바랍니다.

지역 도서관을 이용하면 비용을 들이지 않고 1시간 안에 광범위한 자료를 집중적으로 모을 수 있습니다.

4. 코엑스를 비롯해 지역별 박람회, 전문가 커뮤니티, 세미나 등에 참여해서 담당자들과 접촉을 하고 명함을 받아놓으면 향후 콜드콜링 시 가망고객의 저항을 50% 이상 줄일 수 있습니다. 신입 직원이라면 이

런 행사 때는 선배 세일즈맨과 조를 이루어 다니는 게 중요합니다. 집중력을 높일 수 있으며, 추후에 접촉할 의사결정자나 키맨이 누구인지 파악하는 방법을 배웁니다.

5. 구글 뉴스 알리미를 설정해 놓으십시오. 키워드를 등록해 놓으면 원하는 기사나 정보만을 원하는 시간대별로 받아볼 수 있습니다.

6. SNS는 생각보다 큰 도움은 되지 못합니다. 외국기업도 그렇지만 특히, 국내 기업의 CEO부터 직원들은 페이스북이나, 트위터 등을 적극적으로 사용하는 비율이 매우 적기 때문입니다.
설사 카카오스토리나 개인 블로그를 통해 개인정보를 수집했다고 하더라도 콜드콜링 시 활용은 조심 해야 합니다.
대상자에 따라 매우 부담스럽게 느낄 수도 있기 때문입니다.

7. 그 밖에도 수많은 협회, 단체, 온라인 커뮤니티(밴드, 카페), 비즈니스 클럽, 이익단체 등 접촉할 수 있는 플랫폼과 조직은 무수히 많습니다. 평소에 관심을 두고 꾸준히 활동하는 것이 중요합니다.

고객 DB 수집 활동에서 가장 강조하고 싶은 것은 입체적이면서도 창의적으로 접근하라는 것입니다. 필자의 경우 인터넷 검색과 엑셀 정리를 하면서 주식방송 TV를 켜 놓고 추가 작업을 병행했습니다.

이때, 진행자가 추천한 종목이나 자막에 올라온 유망 종목이 보이면 바로 검색을 해서 정보를 취합하고 콜드콜링을 하기도 하였습니다.

참고로 필자는 멀티태스킹에 그리 능한 사람이 아니며 주식을 하지도 않습니다. 어떤 때는 거리를 지나가다가 못 보던 대형 옥탑 광고를 발견하면 해당 광고주를 즉시 검색해 리스트업을 하기도 했으며, 특정 지역에 미팅을 하러 갔다가 방문사의 건물 내 눈에 띄는 기업이 발견되면 검색 후 담당자에게 전화를 걸어 명함을 받고 브로셔를 건네주고 온 적도 있습니다.

이런 식으로 고객 DB 수집을 하다 보면 자신만의 요령으로 분류체계가 생기고 재미가 붙게 됩니다. 가령, 특정 그룹의 본사 건물을 방문 시 여러 계열사의 담당자들을 한날 한 장소에서 시간대만 달리하여 따로따로 만나기도 했습니다.

무척 효율적인 하루를 보낼 수 있었죠. 무엇보다도 이와 같이 스스로 만든 가망고객 DB는 콜드콜링을 하게 되는 직접적인 동기부여가 됩니다. 자신이 만들었기 때문입니다.

개인적으로 세일즈는 판매보다 프로스펙팅이라는 용어에 더 의미가 가깝다고 생각합니다. 아무것도 없는 무에서 유를 창출하는 기쁨과 보람을 느낄 때 세일즈맨은 비로소 살아있음을 느끼게 됩니다.

사실, 이것이 세일즈의 가장 큰 역할입니다.

누구를 선택해서 통화를 해야 하나?
담당자 to 대표이사

이제는 작성된 가망고객 DB를 활용해서 특정 기업의 누구와 접촉할 것인가에 관한 이야기를 해보려고 합니다.

여러분은 보통 기업을 대상으로 영업 활동 시 주로 어떤 대상을 찾아 약속 잡기를 시도하시나요? 담당자? 관리자? 임원? 아님 대표이사인가요? 만일 이 책을 읽고 계신 여러분 중에서 회사의 규모와 상관없이 언제나 최고 결정권자와의 만남을 목표로 영업활동을 하시는 분이 계시다면 그 분은 이 책을 이 시점에서 덮으셔도 좋습니다.

왜냐하면 그분은 단순한 세일즈 활동이 아닌 사업가의 마인드로서 어떻게 하면 일이 되게 할 수 있는지에 대한 개념을 갖고 계실 것이기 때문입니다. 바꾸어 말하면 세일즈맨의 영업력 크기(경험과 실력의 정도)가 만나고자 하는 목표 대상을 결정짓는다고 볼 수 있습니다. 여기서 우리는 크게 두 가지 사항을 생각해 볼 필요가 있습니다.

첫째는, 세일즈맨의 영업력이라는 것이 언제나 한결같이 않다는 점입니다. 물론, 사람을 오랫동안 상대해 온 일반적 경험은 영업활동에서 큰 이점이 될 수 있습니다. 그렇지만 해당 상품이나 서비스의 특성에 맞는 경쟁력은 남녀노소를 불문하고 세일즈맨쉽을 어떻게 설정하고 얼마만큼의 전문성을 갖추었느냐에 따라 달라질 수 있음을 알아야 합니다.

두 번째는, 가망고객 접촉 시 직책이 아닌 누가 의사결정에 관여하는 사람인지를 파악하는 것입니다. 가령, 직책은 대표이지만 권한이 없는 경우가 있으며, 대표의 아내가 실질적인 키맨인 경우도 있을 수 있습니다. 우선 기본적으로 여러분이 방문하고자 하는 회사에는 크게 네 부류의 접촉 대상자들이 있습니다.

대부분의 경우 대표이사를 처음부터 접촉하는 것은 어렵기 때문에 여러분이 진행하고자 하는 영업 프로젝트의 상황과 조건에 맞게 접촉 대상의 특성을 이해하고 점진적으로 접근해보는 것이 필요할 것입니다.

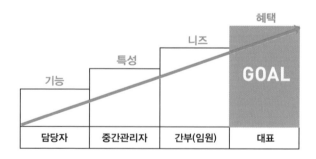

(그림 3. 기업내 접촉 대상자)

1. 담당자 : 일반적으로 담당자는 권한과 영향력이 제한되어 있으며 주로 위로부터 지시를 받아 움직이는 사람들이 많습니다. 이들은 주로 상품의 기능 쪽에 관심이 많아 일 진행에는 크게 관심이 없습니다. 다만, 의외로 조직 내에 많은 정보를 알고 있는 경우가 많으므로 조직 내 정보를 파악하는 정보원으로 활용하면 좋습니다.

2. 중간 관리자 : 보통 팀장이라 불리며 의사결정자는 아니지만 의사결정에 많은 영향을 미치는 사람들입니다. 이들은 주로 특성에 대한 비교를 좋아해서 항상 많은 자료나 브리핑들을 요구하는데 이는 우리 역시 타 경쟁사에게도 동일하게 요구하는 것들이어서 비교·검토하는데 많은 시간을 소비합니다. 아주 드물게 책임감과 추진력이 강한 중간관리자를 만나면 모를까 대체적으로는 이들로 인해 일 진행이 더디어지고 답보 상태에 빠지는 경우가 많습니다. 이들을 대할 때는 너무 많은 기대를 하거나 소통을 자주 하려고 하면 안 됩니다. 요구사항은 많은데 정작 일 진행에는 적극적이지 않은 경우가 많기 때문입니다. 이들은 결정 권한이 없고 문제 발생 시 의사결정에 따른 책임지기를 가장 싫어합니다.

3. 간부(임원) : 담당 사업부나 부서의 리더들에 해당합니다. 이들은 회사의 정책 방향과 목표를 수립하는 의사결정권자들입니다. 대표

이사를 보좌하는 이들은 조직 내 니즈 또는 혜택에 부합될 수 있는 것들에 대해 가장 관심이 많습니다. 그래서 대표이사 접촉이 어렵다면 차선책으로 이들을 먼저 만나는데 주력하는 것이 좋습니다. 하지만 이들도 회사 정책의 틀을 벗어난 과감한 결단을 내릴 수는 없습니다. 그만큼 현실적인 판단에 기초해 제안하고자 하는 내용이 검증 가능하고 유용하다고 판단될 경우 그들은 믿을 만한 결단을 내립니다. 물론, 그들의 권한 범위 안에서입니다.

4. 대표(사장) : 회사를 대표하는 최종결정권자로서 이들의 가장 큰 관심사는 현재를 포함 미래에 까지 가져다줄 혜택입니다. SNS를 안 하고 신조어를 쓰지 않는다고 해서 시대에 뒤떨어진 사람이라고 생각하면 오산입니다. 그 누구보다 회사의 미래에 대해 걱정을 많이 하는 사람이며 세상 돌아가는 것에 관심이 많습니다. 다만 모르는 척할 뿐이죠. 아래의 사항들을 여러분이 제안할 수만 있다면 그들은 언제든지 여러분의 이야기에 귀 기울일 준비가 되어 있습니다.

① 여러분의 제안이 회사의 고객들에게 결정적인 영향을 미칠 수 있다고 판단될 때
② 여러분의 제안이 회사 내 모든 부서의 긍정적인 변화와 혁신을 불러올 수 있다고 판단될 때

③ 여러분의 제안이 회사의 수익과 비용에 지속적인 이익이 된다고
  판단될 때

  콜드콜링을 하는 궁극적 이유는 가망고객의 조직 내 유력한 결정
권자를 찾아 만남을 시도하는 것입니다.

  이때, 작용하는 법칙은 하이 리스크, 하이 리턴(High Risk, High
Return)입니다. 결정 권한이 큰 대상자를 접촉하려면 그만큼의 위험
도 감수해야 한다는 의미입니다. 자칫, 어설프게 준비하고 들어갔다
간 영원히 그 회사로부터는 초대를 받지 못할 수도 있습니다.

  하지만 제대로 준비된 제안 하나로 연간 파트너십 제안을 받을 수
도 있다는 얘기가 됩니다.

  마지막으로 팁을 하나 드리면 기업 대상 영업에서는 어느 한 부서
만을 고집스럽게 접촉하려고 할 필요가 없습니다.

  가장 호의적으로 여러분에게 정보를 알려줄 수 있는 접촉 포인트
를 이용하는 것입니다. 바로 영업부서와 골키퍼 그룹(안내데스크, 비서)
입니다. 골키퍼 그룹은 다음 장에서 자세히 다룰 것이므로, 영업부서
접촉에 대해서만 우선 말씀드리겠습니다.

  여러분이 특정 기업을 상대로 영업활동을 할 때 보다 정확한 정보
(실질적인 의사결정자, 회사 내 가장 큰 이슈)를 얻기 원할 경우 가망 고객사
영업부서 내 영업사원들에게 도움을 청하십시오. 그들은 같은 영업사

원의 입장에서 매우 호의적으로 여러분들의 길잡이가 되어 줄 것입니다. 운이 좋으면 여러분들이 요구하지 않은 알짜 정보까지 내어 줄지도 모릅니다.

그들은 항상 누군가와 소통하고 싶은 욕구가 강하며 대체적으로 누군가를 도우려는 착한 심성의 소유자들이기 때문입니다.

PART

제3장

스마트 콜드콜링을 위한
전개 : 전략과 전술

● ● ●

당신이 무지개를 원한다면
궂은비를 감수해야 한다

- 달리 파튼 -

99

지피지기(知彼知己)면 백전
모두 해볼 만하다

지피지기(知彼知己)면, 백전불태(百戰不殆)라는 유명한 말이 있습니다. 즉, '자신을 알고 남을 알면 백번 싸워도 위태롭지 않다' 는 말입니다.

필자는 이를, 가망고객의 이해를 바탕으로 한 자사의 가치 있는 제안이 전달될 경우 모든 비즈니스는 해볼 만하다는 의미로 재해석해 보았습니다. 또한 세일즈의 전설로 통하는 지그 지글러는 일찍이 이런 말을 했습니다.

"당신은 다른 사람들이 원하는 것을 얻을 수 있도록 도와줌으로써 인생에서 원하는 것을 얻을 수 있다."

그런데, 실제 콜드콜링을 해보면 가망고객 스스로도 본인들이 무엇을 원하는지를 잘 모르는 경우가 많다는 것을 알 수 있습니다.

대체적으로, 그들은 현실에 안주하고 있거나, 당장 처리해야 할 일들로 인해 바쁘다는 인식이 깔려있기 때문입니다. 그런데도 재미있는 것은 그들이 마침 고려하고 있는 사안과 딱 맞아떨어지는 내용으로 연결될 경우 난생처음 통화하게 되는 사람일지라도 적극적으로 대화에 임하고 만남을 원하며, 실제 업무로 연결되어 진다는 사실입니다.

물론, 이런 경우가 흔하지는 않습니다. 보통의 경우 콜드콜러들은 자신들이 가진 상품이나 서비스에 대한 자부심으로 적극적인 구애를 펼치게 되고 가망고객은 이를 방어하기에 바쁘니까요.

이를 통해 필자가 깨달았던 것은 아래의 3가지입니다.

첫째, 가망고객은 오직 자신의 관심사와 콜드콜러의 가치 있는 제안으로만 움직인다.

둘째, 가망고객은 콜드콜러의 설득이 아닌 구매해야 할 이유가 보일 때 스스로 움직인다.

셋째, 가망고객이 궁극적으로 원하는 것은 만남을 가졌을 때 그 정확한 실체를 드러낸다.

이를 바탕으로 필자는 여러분들에게 2가지의 미션을 제시하고자 합니다.

- 가망고객을 움직이게 하는 심리적 동기 요소들을 잘 이해하자.
- 가망고객이 구매하여 얻을 수 있는 가치를 분명하게 밝혀주자.

지금부터 우리는 가망고객의 동기를 이해하고 여러분이 제안할 제품이나 서비스 혹은 그 이상의 가치들을 설정하기 위한 시간을 갖고자 합니다. 이는 백전을 모두 해볼 만한 싸움으로 만드는데 가장 결정적인 요소가 된다고 해도 과언이 아닐 것입니다.

위에서 언급한 대로 콜드콜러는 가망고객의 심리 기반을 바탕으로 어떻게 하면 성공적으로 약속 일정을 잡을 수 있을 것인가에 대해 늘 고민해야 합니다. 참고로, 뒷장에서 우리는 가망고객과의 약속잡기를 위한 유용한 전술들을 하나씩 하나씩 배우게 될 것입니다. 공식과도 같은 성공적인 틀(frame)도 제시될 것입니다.

여기에선 그 공식 속에 적용할 가치들을 특별한 단어나 차별화된 구문으로 정리해 볼 것입니다.

가망고객의 호기심을 자극하고 여러분들의 말에 귀 기울이게 하기 위한 말과 구문이 곧 여러분의 전략이 되는 것입니다. 그 어떠한 것보다도 가장 많은 시간을 여기에 투자하시길 바랍니다.

• **가망고객은 왜 당신으로부터 구매해야 하는가?**

오늘도 새로운 제품들은 끊임없이 시장에 출시된다. 이 중 대부분은 이름도 없이 사라진다. 이제 그 책임을 제조·생산부에 떠넘기는 시대는 지나갔다.

이젠 세일즈의 책임이 더 큰 시대가 찾아왔기 때문이다. 이러한 제품들이 시장에서 사라지는 가장 큰 이유는 자신들의 제품이 최고라는 착각에서부터 비롯된다.(물론, 여전히 자부심은 중요하다) 세일즈맨들은 서슴없이 세일즈의 가장 중요한 공식을 잊은 채 고객을 찾아 나선다. '필요를 찾고 그것을 채워라' 이는 매우 중요한 공식이다.

필자가 2천년대 중반 삼성전자 B2B 비즈니스 그룹에서 일할 때의 일화이다. 당시 회사는 전통적인 B2C 채널을 넘어 B2B 기업시장에서 시장 지위를 넓히고자 전사적인 혁신을 단행하고 있었다.

하나의 예로 삼성프린터는 90년대 중반부터 2천년대 초까지 전지현이라는 모델을 앞세워 브랜딩 강화에 힘을 기울였고, 그 결과로 일반 소비자 시장에서 기종별 1,2위의 마켓 쉐어를 확보했다.

하지만 정작 그보다 훨씬 규모가 크고 부가가치가 큰 기업시장에서만은 고전을 면치 못했다. 시장은 HP, 신도리코, 엡손, 캐논등 다국적 기업들이 선점하고 있었다. 제품력이 떨어졌을까? 처음엔 그랬지만 시간이 지나면서 제품력에서는 큰 차이가 없어졌다.

문제는 B2B 비즈니스에서 핵심이라고 할 수 있는 솔루션 비즈니스의 마인드와 역량 면에서 경쟁사의 그것들과 차이가 있었다.

엄밀히 말하면 그동안은 필요가 없었다. B2C 시장에선 광고 많이 하고 막강한 유통망만 있으면 팔리는 데 전혀 문제가 없었기 때문이었다. 하지만 B2B는 달랐다. B2B에서 가장 중요시되는 솔루션 비즈니스의 핵심이 조금 전 언급했던 '필요를 찾고 그것을 채워라' 인데,

당시만 하더라도 삼성의 영업조직에선 이와 같은 문화가 부족했기 때문이었다. 실제 시장에서 고객이 필요로 했던 것들은 프린터에 들어가는 토너의 원활한 공급과 다양한 문제 발생 시 영업사원의 즉각적인 대처였다.

하나의 광고카피로 정리를 해본다면 "우리 프린터는 빠르고 인쇄가 잘 됩니다"가 아닌 "우리는 문제 발생 시 상주 서비스 인력을 즉각 배치하여 문제를 해결해 드립니다"가 경쟁력이 되는 것이었다.

가망고객은 세일즈맨과 세일즈맨이 제안하는 상품에는 근본적으로 큰 관심이 없다. 중요한 것은 그들이 마주한 현장에서 무엇을 원하고 있는가를 최우선으로 파악하고 해결해 주는 것이다.

이러한 문제해결자를 SP(Solution Provider)라고 한다.

• 심리학적 상실과 고통을 활용하라

구매심리학 관점에서 사람은 무엇을 얻고자 하는 욕구보다 상실에 대한 자각에서 더 크게 동기부여 된다.

예를 들어, 어느 동창 모임에 나간 한 여성이 있는데 본인을 제외한 모든 친구들이 명품 가방을 들고 온 것을 발견하게 되었다.

이때 이 여성이 느끼는 감정은 욕구보다는 고통에 더 가까울 수 있다. 아마도 이 여성은 모임이 끝난 후 바로 명품 매장으로 달려갈 확률이 높다.

기업도 마찬가지다. 자사와 깊은 연관이 있는 경쟁사가 특정 서비스를 이용해 높은 효율을 올렸다는 이야기를 듣게 될 경우 어떠하겠는가? 해당 서비스에 대해 더 깊은 관심을 가지지 않겠는가? 세일즈맨은 이러한 부분을 잘 활용할 수 있어야 한다.

그리고 이를 스크립트에 반영할 수 있어야 한다. 가령, 이런 식이다.

주요 고객사인 A사와 B사의 경우 저희가 제공한 솔루션으로 인해...

"평균 30% 이상의 수익을 누리고 계십니다."

"시간당 생산성이 전년 대비 120% 이상 향상 되었습니다."

"유입되는 고객의 수가 지속적으로 늘어나고 있습니다."

"고객들의 만족도가 점점 높아져 가고 있습니다."

모호한 표현보다는 구체적인 숫자나 사례를 들어 표현하면 더 좋다. 가망고객의 머릿속에 여러분의 상품과 서비스를 사용하지 않는 것 자체가 소외이며, 상실임을 인식시켜라. 지금 전화 연결된 가망고객도 로봇은 아니기에, 심리적으로 흔들릴 것이다.

이번엔 보다 직접적인 고통에 호소하는 접근이다. 이러한 고통에 여러분의 솔루션 가치를 입히면 더욱더 강력하게 어필할 수 있다.

가장 흔하게 접하는 것 중 하나가 자동이체 서비스다. 자동이체를 해놓지 않아 생기는 연체료 발생이 곧 고통임을 인식시키는 것이다. 그리고 그 부분을 해소하는 방식으로 표현한다.

저희의 솔루션으로 인해 고객들은..
"콜센터 직원들의 이직률을 10%대로 최소화했습니다."
"데이터 중복 문제가 사라졌습니다."
"대부분의 단계에서 비용 발생이 줄어들었습니다."
"~ 해소되었다, 해결되었다, 사라졌다, 없어졌다, 자유로워졌다.."등

지금 당장, 위에서 제시한 예를 바탕으로 브레인스토밍을 해본다. 가망고객이 바라는 게 무엇인지 최종적으로 목표로 하는 것이 무엇인지 그들의 입장에서 철저하게 고려해 본다.

그리고 적어본다. 그렇게 하나둘을 적어 나아가다 보면 여러분의 표현방식은 점점 더 세련되어지고, 솔루션은 구체화될 것이다.

이것이 여러분이 지향해야 할 가치 영업의 기초이다.

• 가치 설정이 중요하다

전화세일즈를 잘하는 사람들은 실제 비즈니스도 잘한다. 그 이유는 비즈니스에 있어서 가장 중요한 가치 전달을 빠르고 명료하게 잘하기 때문이다.

성공하는 콜드콜링의 시작은 가망고객의 관심사로부터 시작되지만 클라이맥스는 신뢰할 만한 가치 전달 여부에 달려 있다. 가치는 혜택이나 이익보다 훨씬 강력하다.

대부분의 세일즈 교육에서 가치보다 혜택에 집중하는 이유는 빠른 결과값을 기대하기 때문인데, 여기엔 몇 가지 생각해볼 문제가 있다.

· 대부분의 세일즈맨들이나 마케팅 기획자가 가지는 혜택에 대한 믿음은 가망고객의 실제 관심사와는 많이 다르다. 이 혜택들은 그저 또 다른 제품이나 서비스 중 하나로써 의미 없는 구호로 들릴 가능성이 높다.

· 혜택은 그것을 듣는 사람이 바로 그 순간에 가치 있는 것으로 인식할 경우에만 가치가 있다. 그래서 혜택이 머무는 유효기간은 짧다.

· 가치는 단순히 말이 아닌 여러분에 대한 신뢰와 호감이 고객의 인식 속에 새겨지는 것이다. 그래서 유효기간이 비교적 길다.

· 무엇보다 가치는 상품이나 서비스 그 자체가 아닌 그것들로 인해 발생된 결과들이기 때문에 그 결과들을 가망고객의 머릿속에 어떻

게 그려줄 수 있느냐가 관건이 된다.

"그러세요?", "그런데요?" 이렇듯 가망고객이 내던지는 다소 무심한 듯한 첫 응대에 중언부언 해서는 안 된다.

그렇다고 여러분이 꼭 알리고 싶거나 팔고 싶은 솔루션을 액면 그대로만 언급하면 임팩트를 줄 수 없다. 가치 구조로 이야기를 풀어서 말해야 한다.

이해를 돕는 차원에서 혜택과 가치에 대해 간단하게 설명을 한다면 'A자동차는 연비와 승차감이 좋습니다' 라는 패턴이 혜택에 해당한다. 하지만 'A라는 자동차를 운행할 경우 동종의 차종 대비 유지비는 연간 200만 원이 절약되고, 장시간 운전을 해도 피로감이 안 드는 안락시트를 제공합니다' 라는 패턴은 가치에 해당한다.

이와 같이 가치는 가망고객의 머릿속에 결과(값)가 떠오를 수 있도록 안내해 준다.

혜택을 가치로 전환해 주는 기본구조

"우리는____부분의 어려움을____으로(쉽게)해결해 드릴 수 있습니다."

"우리의 솔루션은_____ 에 소요되는 시간(비용, 스트레스, 두려움, 혼란)을 줄여 줍니다."

"우리의 서비스는____기종(동종업계, 전년, 전월)대비_____비용을 절감시켜 드립니다"

가치설정의 강력한 지원군 '비용절감'

"~ 비용을 줄이다."

"~ 비용을 낮추다."

"~ 비용을 절감하다."

"~ 비용을 최소화하다."

"~ 비용 발생을 미연에 방지하다."

"~ 으로부터 ~비용을 제거하다."

"~ 최적의 비용구조를 만들다."

"~ 비용상승 요소를 사전에 차단하다."

구체적인 가치설정 구문

"우리의_____분야의 전문성으로 귀사를 도울 수 있습니다."

"우리는_____분야에서 강점과 노하우를 보유하고 있습니다."

"우리는_____분야에서 지난 _____동안 전문성을 인정받아 관련

고객사 분들에게 만족스러운_____서비스를 제공해 왔습니다."

"우리는 귀사와 관련한 동종업계에서 약 _____여 개사에 이르는

고객에게 _____서비스를 제공해 왔습니다. 또는 _____문제를

해결해 드렸습니다."

"타사가 제공할 수 없는 저희만이 제공할 수 있는 가장 큰 혜택 3가지
는 첫째..둘째.. 셋째...입니다."
"저희가 타사와 가장 뚜렷하게 차별화되는 부분은 _____한 서비스를
제공할 수 있다는 점입니다."

지금 이 순간에도 가망고객들은 수많은 제안들로 몸살을 앓고 있
습니다. 그래서 그들은 진화했습니다. 전화선을 타고 들려오는 콜드
콜러의 첫 음성만 듣고도 어느 정도는 진짜와 가짜를 구분할 정도가
된 것이죠. 콜드콜링에서 고객의 초기 침묵은 긍정 신호에 가깝습니
다.

여러분의 제안이 그들의 관심사를 기초로 가치 있게 전달될 경우
고객은 침묵 속에 경청합니다.

상기의 가치설정 구문을 펼쳐 놓고 수시로 자신의 업무와 연관 지
어 업데이트하시기 바랍니다.

그리고 연습하십시오. 어느새 고객의 침묵을 즐기고 계시는 여러
분의 모습을 발견하게 될 것입니다.

진부한 콜드콜링 방식
VS
스마트한 콜드콜링 방식

콜드콜링을 한다고 생각한 순간 심장이 두근거리고 호흡이 가빠지며 심한 경우 두렵게까지 느껴진다면 그것은 왜 일까요? 수화기 너머 상대방은 분명 평상심을 유지하고 여러분의 이야기를 듣고자 하는데도 말입니다.

여러 이유들이 있겠지만 그것을 하나로 모아보면 결국 '거절'에 대한 두려움 때문입니다.

그리고 이 세상 누구도 거절에 대해 자유로운 사람은 없습니다.

그렇다면 이 문제를 해결할 수 있는 최고의 방법은 무엇일까요? 네, 거절을 당하지 않도록 하면 되는 것입니다.

그게 가능하냐고요? 네, 가능합니다.

혹시 이런 이야기를 들을까 봐 걱정이신가요? "하다 보면 좋아진다" "피할 수 없으면 즐겨라" "거절을 사랑하라" 그렇지 않습니다.

크게 두 가지의 방법이 있습니다. 하나는, 인식을 바꾸는 것이고 나머지 하나는 거절을 못 하도록 최대한 스마트하게 전략적으로 접근을 하는 것입니다.

전자의 경우는 앞서 일부 배웠습니다. 세일즈 프로세스와 프로스펙팅이라는 큰 틀을 이해함으로써 콜드콜링의 과정을 쿨하게 바라보는 것이었죠.

그리고 지금부터는 진부한 콜드콜링 방식과 스마트한 콜드콜링 방식을 비교해 봄으로써 후자의 방법을 배워보도록 하겠습니다.

그리고 이 스마트한 접근 방식을 통해 우리가 얻게 되는 결과물들은 아래와 같습니다.

1. 거절을 처리하는 것이 아닌 거절로부터 자유로워진다.
2. 20초 안에 가망고객이 콜드콜러의 말에 귀 기울이게 된다.
3. 어떠한 상황에서도 편안하고 자신감 있게 통화할 수 있다.
4. 콜드콜러를 사업가로 인식하여 신뢰감을 느끼게 한다.

■ 오프닝 스크립트 비교 : 같은 회사 두 명의 영업사원

(A : 진부한 세일즈맨 , B : 스마트한 세일즈맨)

A : 안녕하세요, 저희는 직원분들에게 건강보험과 관련한 다양한 혜택을 드리고 있는 진부 생명입니다. 한 10분 정도 시간을 내주시면 저희가 하는 일이 무엇인지 그리고 어떻게 단체 보험을 통해 귀사에

시간과 비용을 절감시켜 드릴 수 있는지 설명해 드리고자 합니다.

다음 주 경 제가 그 쪽 지역을 방문할 예정인데, 화요일 또는 수요일 오전 중 어떤 날이 편하세요?

방금 보신 스크립트에서 여러분들은 어떠한 문제점들을 발견하셨나요? 위의 오프닝 스크립트는 총 4개의 문장으로 구성되어 있는데요, 그냥 보기엔 아무런 문제가 있어 보이지 않습니다만 요소요소에 거절을 불러일으키게 하는 부분이 많이 있습니다. 하나씩 살펴보겠습니다.

＊ 먼저, 누락된 요소부터 살펴보면 콜드콜러의 성명을 밝히지 않고 있습니다. 왜 본인의 이름을 당당하게 밝히지 않는 걸까요? 아마도 개인고객을 상대하시는 분들이 주로 이런 접근들을 많이 하는 것 같은데요, 기업을 대상으로 하는 영업에서는 자신의 이름을 천천히 또박또박 말하는 게 중요합니다. 콜드콜러가 곧 회사를 대표한다는 책임감을 느끼게 해주십시오. 그렇지 않을 경우 가망고객은 신뢰가 쌓이기도 전에 의심부터 하게 될 확률이 높습니다.

＊ 가망고객에게 가치가 느껴질만한 표현을 찾아볼 수 없습니다. 건강보험과 관련한 다양한 혜택이라는 표현은 어떠한 세일즈맨이

전화를 하더라도 쓸 수 있는 진부한 표현의 대표적인 예입니다.

어떠세요? 여러분이라면 이 말을 듣는 순간 계속해서 이야기를 듣고 싶어질 것 같은가요? 잊지 마시기 바랍니다. 고객은 상품이나 서비스를 구매하려고 하지 않습니다. 그들은 결과(값)를 구매합니다.

이러한 표현을 들었을 때 가망고객은 반사적으로 이렇게 말할 수밖에 없게 됩니다.

"저희 이미 가입 했어요" 또는 "저희 다른 상품에 이미 만족하고 있는데요"

＊ 가치제공이 없는 상태에서 '10분 정도 시간을 내주시면'과 같은 표현은 가망고객의 마음속에 저항만 불러일으키게 되며, 그 10분이 무척이나 길게 느껴지게 됩니다.

＊ 콜드콜러는 자신의 일을 제일 먼저 설명하려고 하고 있습니다. 이때, 가망고객은 본능적으로 이렇게 반응하게 됩니다. "앗, 영업사원이구나 빨리 피하고 싶다." 기억하십시오.

특히, 기업 가망고객들은 전형적인 세일즈맨을 좋아하지 않습니다. 좀 심하게 말해 세일즈맨스럽고(salesy sounding), 느끼한(cheesy) 표현 방식에 그들은 몸서리칩니다.

＊ 콜드콜러는 '시간과 비용을 절감시켜' 라는 표현이 일종의 가치 제공이라고 생각했겠지만, 오늘날 많은 세일즈맨들에 의해 구체적이지 않게 남용되고 있어 별다른 감흥을 주지 못하는 경우가 많습니다.

＊ 이러한 맥락 속에서 콜드콜러는 약속 잡기를 시도합니다. 그것도 뻔하고 진부한 방식으로 말이지요.

"다음 주 경 제가 그 쪽 지역을 방문할 예정인데, 화요일 또는 수요일 오전 중 어떤 날이 편하세요?"

이제 이러한 낡은 표현에 가망고객들은 속지 않습니다.

안타깝게도 가망고객은 A세일즈맨의 스크립트 속에서 콜드콜러를 만나야 할 이유나 명분을 찾을 수가 없습니다.

오히려 만나게 될 경우 시간낭비만 될 것이라는 확신만 서게 되는 것이죠.

다음은 스마트한 세일즈맨 B의 스크립트를 보시겠습니다. 세일즈맨 A와 어떻게 다른지 비교해 보시기 바랍니다.

B : 안녕하세요, 인사과 한대단 부장님 되시죠?

(P) 저는 스마트 생명에서 법인지원을 담당하고 있는 박 똑똑이라고 합니다.

(P) 최근 귀사의 홈페이지에서 채용 인력 관련 공고를 볼 수 있었는데요.

(P) 우수 인력 유치를 위한 귀사의 혜택 프로그램에 깊은 인상을 받았습니다.

(P) 저희는 귀사와 같은 인재 채용 시 발생하는 비용과 우수 인력 이탈에 관한 리스크를 낮춰 드리는 쪽에 도움을 드릴 수 있습니다.

(P) 귀사에도 저희의 서비스가 적용될 수 있을지에 대해 몇 가지 질문을 통해 확인해 보고 싶습니다.

☎ (P)는 Pause의 약자로 잠깐 멈춤의 뜻임.

어떻게 차이점을 발견하셨나요? 동일하게 하나씩 살펴보도록 하겠습니다.

＊ 우선, 가망고객의 정확한 이름과 직책을 알고서 전화를 하고 있으며 자신의 이름과 부서명을 정확하게 밝히고 있습니다. 상대의 이름을 정중하고 정확하게 불러줄 때 상대는 호감과 집중력을 갖게 됩니다.

＊ B 세일즈맨은 '귀사의 홈페이지에서~' 라는 표현을 통해 가망고객의 최근 이슈를 먼저 제기합니다. 이런 표현은 관점을 가망고객에

게 맞춤으로써 다른 세일즈맨들과의 차별성을 주어 신선한 느낌이 들게 합니다.

＊ '저희는~ 도움을 드릴 수 있습니다' 와 같은 표현은 가망고객의 이슈와 관련하여 제공할 수 있는 가치를 핵심적으로 이야기함으로써 가망고객의 저항을 최소화할 수 있게 됩니다. 최근의 보험회사는 상품 이외의 고객 니즈에 부합하는 다양한 솔루션(인사, 재무, 교육 등)을 개발하고 제시할 수 있습니다.

＊ B 세일즈맨은 마지막 순간까지도 보험이나 보험 혜택에 대해 일절 말하지 않습니다. 오직 제공할 수 있는 가치에 대한 언급과 그 가치로 인해 누릴 결과에 관한 것만 이야기하고 있습니다.
그리고 약속을 무리하게 요구하거나 설정하지 않으므로 전형적인 세일즈맨으로 인식하지 않습니다.
이 부분이 신뢰감을 형성시키는데 있어 매우 중요합니다.

보신 바와 같이, 상기의 세일즈맨 B의 스마트 스크립트를 기본패턴으로 오프닝을 하면 가망고객과 대화의 단계로 넘어갈 수 있게 됩니다. 이후 좀 더 깊은 대화를 지속하든지 아니면 적절한 타이밍 때 약속잡기를 시도하십시오.

분위기가 좋으면 가망고객 측에서 먼저 약속을 잡자고 제안하는 경우도 있습니다. 우리는 이 스마트 스크립트에 관해 책 중반부에서 더욱 상세하게 다룰 것입니다.

03

안내데스크 직원, 비서 통과하기

 콜드콜링을 시도하면 회사 규모에 따라 전화 받는 첫 번째 사람들이 다 다르다는 것을 알 수 있습니다.

콜드콜러가 원하는 의사결정권자와 통화하기 위해선 부재중인 경우를 포함, 보통 2~3회 이상의 전화통화를 거쳐 연결이 됩니다.

이때, 의사결정권자에게 세일즈맨들이 접근하지 못하도록 하는 것이 일인 사람들이 있습니다. 분류를 해 보면 1.ARS 안내 2.정식 안내데스크 직원 3.안내데스크 역할 직원 4.경비실 5.비서 입니다.

필자는 이들을 가리켜 골키퍼 그룹이라고 이름을 붙여봤습니다. 의사결정권자들과 통화하려는 세일즈맨들의 발걸음을 막는다는 것에서 착안한 것입니다.

그중에서도 대표적인 대상은 안내데스크 직원과 비서입니다. 다음 장에서 다루겠지만, 대표이사와의 접촉을 위해선 특히, 비서의 협조가 절대적입니다.

그럼에도 불구하고 여러분들 중에 골키퍼 그룹과 언쟁을 벌이거나 싸움을 하신 분도 있으실 겁니다. 필자 역시 그러한 경험들이 있습니다. 콜드콜러는 열정을 가지고 진실하게 다가가려 하는데 마치 잡상인을 취급하듯 목소리 톤부터 퉁명스럽게 나올 때면 자신도 모르게 화가 치밀어 오르게 됩니다.

심할 경우 큰 소리가 나올 수도 있으며, 전화기를 던져버릴 수도 있습니다. 절대로 그러지 마십시오. 그럴 경우 손해는 오롯이 콜드콜러의 몫이 되는 거니까요. 필자는 이 모든 것이 골키퍼 그룹에 대한 이해 부족에서 비롯된 것임을 알게 되었습니다.

지금부터 설명하는 전술들을 잘 활용하신다면 골키퍼 그룹들을 여러분의 편으로 만들 수 있습니다.

그리고 원하는 의사결정권자에게 다다를 수 있을 것입니다. 먼저 반드시 숙지해야 할 몇 가지 유의사항에 대해 말씀드리도록 하겠습니다.

1. 골키퍼 그룹에 대해 항상 정중한 태도를 유지한다 : 누가 전화를 받든 항상 친절하고 예의 바르게 대하는 것입니다.

그리고 어떠한 경우라도 그들과 언쟁을 벌이거나 싸움을 해서는 안 됩니다.

이러한 상황들이 발생하는 가장 근본적인 이유는 그들에 대한 콜드콜러의 무시일 가능성이 높습니다.

한마디로 "너희들이 뭔데 내 앞길을 막는 건데"라는 생각이 깔려 있을 때 발생하는 것이죠. 이를 반대로 활용하면 그런 무시에 늘 노출되어 있는 이들에게 오히려 큰 점수를 얻게 됩니다.

또한 회사에 따라 안내 직원이 비서이거나 해당 부서의 담당자인 경우도 있습니다. 의사결정권자와의 접촉에만 눈이 먼 나머지 무례하게 굴었다가 다음 기회가 왔을 때 껄끄러운 상황이 초래될 수도 있으니 조심하십시오.

사실, 이 마인드만 제대로 장착되면 절반 이상의 성공을 가져다준다고 볼 수 있을 만큼 정중한 태도는 매우 중요합니다.

2. 어떠한 경우라도 거짓말을 하지 않는다 : 골키퍼 그룹들이 다소 퉁명스럽고 까탈스럽게 나오는 배경에는 콜드콜러들의 거짓말 때문인 경우가 많습니다.

"사장의 지인으로부터 소개를 받았다." "사장님과 오늘 통화하기로 되어 있다. 아마 바쁘셔서 기억을 못 하실 수도 있다." 등의 잔속임수를 쓰는 것입니다.

하지만 이 모든 것들도 명백히 거짓말입니다. 거짓말은 어떠한 경우라도 해서는 안 됩니다.

그러다 보니 이들은 항상 의심을 품게 되고 경계심을 가질 수밖에 없는 것이죠. 세일즈의 진입 전략을(put in the door) 잘못 해석하여 어떻게서든 발을 걸치고 보자는 심산으로 진행했다가 나중에 들통이 날 경우 모든 일은 수포로 돌아가게 됩니다.

그리고 그런 자세로는 어떠한 일을 하더라도 성공하기 어렵습니다.

3. 첫 통화에서 제품과 서비스에 대한 언급은 하지 않는다 : 골키퍼 그룹은 하루에도 수많은 세일즈 관련 종사자들로부터 시달림을 당합니다.

사실, 이들의 임무는 세일즈맨들을 쫓아내는 것이 아닙니다. 자신들의 입장에서 가치 없는 제안으로 발생될 상사들의 시간을 보호하는 것입니다. 그러다 보니, 세일즈와 관련된 용건이 나오기만 하면 손쉽게 해당 담당자에게 돌려버리는 것입니다.

혹은, 본인이 담당자라며 직접 말하라고 하기도 하죠. 이때 중요한 것은 이 통화를 상대해야 할 사람은 의사결정권자이거나 최소 대표이사의 비서라는 것을 인식시켜 주어야 한다는 것입니다.

골키퍼 그룹과 첫 통화 시 고려해야 할 가장 중요한 요소는 무엇일까요? 그것은 그들을 진심으로 존중하고 협력자 관계로 인식시키는 것입니다.

골키퍼 그룹은 회사 내에서 가장 광범위한 정보를 가지고 있는 사람들이며, 특히, 비서들의 경우 막강한 권한도 행사하고 있음을 알 수 있습니다. 그렇기에 이들과 많은 대화를 하면 할수록 영업기회는 더욱 많아집니다. 그래서 이들과 친해져야 합니다.

문제는 어떻게 대화를 해 나아가야 하는지 방법을 모르기 때문일 것입니다. 힌트를 드리면 이들의 관심사는 말의 내용보다도 콜드콜러의 말투(톤앤매너)에 있음을 알아야 합니다. 이들은 관심법을 통해 여러분들의 마음을 꿰뚫어보는 초능력을 지니고 있기 때문입니다.

우선적으로 콜드콜러의 말투가 그들의 마음에 들 때 그들은 무엇이든 협조할 것입니다. 실제로 미국의 어느 한 조사에 의하면 이 골키퍼 그룹에 해당하는 50여 명을 상대로 인터뷰를 진행했는데 다음과 같은 결과를 얻을 수 있었다고 합니다.

질문 : 당신은 어떠한 우선순위로 콜드콜러를 의사결정권자에게 연결해 줍니까? 가장 많았던 대답 : 마음에 드는 사람입니다. 와우!

앞의 내용이 주로 마음가짐에 관한 이야기였다면 이번엔 표현방법에 관한 이야기를 하고자 합니다. 앞에서 잠깐 언급한 바와 같이 골키퍼 그룹의 저항에 대처하는 방법 중 하나는 콜드콜러가 의사결정권자에게 충분히 연결을 시켜줘도 될 만한 사람이라는 것을 인식시켜주는 것입니다.

그렇다면 전화 통화 시 어떠한 표현들이 골키퍼들의 저항감을 줄여주고 여러분들을 협력자로서 도울 수 있는지 알아보도록 하겠습니다.여러분들께서는 아래의 내용을 참고하셔서 여러분들의 업무 상황에 맞게 수정하시고 다양한 형태로 조합해서 쓰시길 바랍니다.

1. 도움을 요청하고 접촉하고자 하는 대상자에 대한 적절성 여부를 상의한다.

예제 1 안녕하세요, 저는 IOT 전문기업 로얄컴퍼니에 박주민 부장입니다. 먼저 전화를 받으신 분께(선생님께서)도움을 요청 드립니다.

전략기획본부의 김성장 전무님과 통화하고자 전화를 드렸는데요.

이유는 귀사의 IOT 관련 진단을 통해 전사적인 시스템 현황을 점검하기 위함입니다.

귀사 전 계열사의 비용 문제와 직결된 중대한 사안인 만큼 김 전무님과의 통화가 필요하다고 생각이 되는데 이에 대한 저의 판단이 적절한지 먼저 여쭤보고 싶습니다.

 정중한 태도로 도움을 청하고 상의를 요청하면 골키퍼는 최대한 문제해결을 위해 도움을 준다. 특정 대상자와의 접촉에 대한 적절성을 질문 형식을 통해 상의함으로써 골키퍼는 이 순간부터 단순한 안내직원이 아닌 문제해결자의 입장이 되어 고무되기 때문이다.

다른 일반적인 콜드콜러들이 보통 목소리를 깔고 "누구누구와 연결 바랍니다."라고 해 오는 것과는 대조적으로 접근하는 것이 포인트이다.(이름과 직책을 확인 후 메모한다)

예제 2

(콜드콜러) 안녕하세요, 저는(국내 1호) 자산관리 리셋 전문가 박주민이라고 합니다.

선생님께서 도와주셨으면 합니다. 전략기획본부 김성장 전무님과 통화할 수 있도록 연결해 주시겠습니까?

(골키퍼) 무슨 일이신데요?

(콜드콜러) 김 전무님 개인자산 리셋에 관한 건 입니다. 감사합니다.

(골키퍼) 혹시, 보험사인가요?

(콜드콜러) 저는 김 전무님의 돈과 관련된 개인적인 용건으로 전화를 드린 것입니다.

그 분이 받으셔야 할 개인적인 혜택들을 지금 알려드려야 하거든요.(그래야 불이익이 없으십니다)

> **Tip** 보험사나 부동산업과 같은 금융업종의 경우라면 '개인' 과 '돈(자산)' 이라는 키워드를 활용한다.
> 이때, 안내 직원의 선입견을 피해 회사명보다는 전문적인 타

> 이들을 작명하여 소개하는 것이 효과적이다.
>
> 생각보다 연결이 잘 될 수도 있고, 팽팽한 줄다리기가 될 수도 있다. 여러분이 제안하고자 하는 솔루션이 그만큼의 가치가 있고 자신이 있다면 끈질기게 버티는 근성도 필요하다.
>
> 하지만 그렇지 못할 경우 신뢰를 잃을 수도 있음을 명심해야 한다. 그래도 완강할 경우 확실한 근거를 바탕으로 "그래야 불이익이 없으십니다."와 같은 강한 메시지를 써보는 것도 좋다.

2. 골키퍼를 업무파트너로 규정하고 리더들의 고민거리를 상의한다.

예제 1 저희는 김성장 전무님께 회사 내 인력관리에 필요한 시스템 소프트웨어를 제안 드리고자 관련 정보를 수집 중입니다.

이에 귀사에서는 어떤 우선순위로 인력 통제가 이루어지고 있으며, 활동 관리가 되고 있는지에 대해 정확한 진단과 확인이 필요합니다.

이 문제에 대해 상의할 적절한 분이 김성장 전무님이라고 생각되는데 이에 대한 저의 판단이 맞는지 먼저 여쭤보고 싶습니다.

> **Tip** 이와 같은 표현은 골키퍼를 동급의 업무파트너로 대함으로써 같은 테이블에서 함께 고민하는 상황을 만든다.
>
> 이를 통해, 골키퍼는 자신의 영향력 행사 범위에 대해 고무되고 순간 콜드콜러와의 라포(친밀감)가 형성된다.

> 결국, 제기한 문제는 골키퍼가 외면할 수 없는 사안이며 적절한 대상이 의사결정권자급이 되어야 한다는 것을 인식하게 되어 바라는 대상자에게 연결을 해주게 된다.

예제 2

골키퍼 혹시 판매 관련 내용인가요?

콜드콜러 아닙니다. 하지만 귀사가 필요하실 경우 판매도 포함이 될 수 있겠네요, 저희는 IOT 관련 전문가 그룹으로서 최근 귀사와 관련된 기사를 접하고, 저희들이 이 분야에서 이룩한 성공사례를 통해 시급히 도움을 드려야겠다는 생각을 하게 되었습니다.

그렇지 않을 경우 시스템 과부하로 인해 발생될 귀사의 손실이 생각보다 클 수도 있기 때문 입니다. OOO 대표님과 이 문제를 놓고 전사적인 시스템 현황 점검을 위해 몇 가지 확인을 할 수 있을까요?

> **Tip** 골키퍼가 세일즈맨으로 인식을 할 틈을 주지 않는다. 오히려, 회사와 관련된 구체적인 확장 답변(가치 제공 멘트)을 통해 주의를 집중시킨다.
> 연결이 되지 않을 경우 회사의 손실로 이어질 수도 있음을 암시하는 멘트를 사용한다.
> 포인트는 제시한 문제 제기의 질이 의사결정권자급과 연결이 필요하다는 인식을 주는 것이다. 나중에 닥칠 회사의 위험에

서 책임을 면하기 위해서라도 연결을 해주는 편이 안전하기 때문이다.

미리 검색이나 관련 부서 등을 통해 대표이사나 의사결정권자의 이름을 알아 놓아 언급한다면 효과는 더욱 크다. 바로 언급할 만큼의 대등한 위치 또는 그에 준한 사람으로 인식하기 때문이다.

3. 제3자 인용 추천법을 통해 명분 만들고 요청하기.

예제 1 저희가 제안 드리고자 하는 솔루션은 귀사의 경쟁사인 A 사, B 사에서도 큰 호응을 받은 것으로써 리더분들의 직원 통제 관리에 있어 그 효과성을 이미 입증받았습니다.

저희가 파악하기로는 귀사의 김성장 전무님께서 이 분야에 대한 전문적인 견해와 관심을 가지고 계신 걸로 알고 있습니다.

아마 저희 솔루션을 보시면 무척 만족스러워하실 것입니다. 연결을 부탁드립니다. 감사합니다.

 제3자 인용 추천법은 객관적인 사실을 바탕으로 하기에 설득력이 있다. 특히 동종업계의 경쟁사를 부각할 경우 효과는 더욱 좋다. 아울러, 의사결정권자와의 관련성을 이어주면 명분이 생겨 요청하는데 무리가 없다.

예제 2 A 사의 이추천 상무님으로부터 추천을 받고 연락을 드립니다. 저희는 현재 PCB 부품분야 국내 1위 업체입니다. 이 상무님 말씀으로는 귀사의 오랜 협력사로서 저희가 개발한 이번 솔루션이 귀사의 비용절감에 적지 않은 도움이 될 것이라고 말씀을 주셨습니다.

특히, 김성장 전무님께서 이 분야에 대한 관심이 많으셔서 꼭 한번 통화를 해보라고 하셨습니다.

김 전무님과 통화할 수 있도록 연결해 주시면 감사하겠습니다.

> **Tip** 이 방법을 쓰기 위해서는 실제 동료나 지인의 추천이 필요하다. 그렇지 않을 경우 나중에 감당할 수 없는 피해를 보게 된다. 만일, 여러분들이 조금만 더 열심을 낼 수 있다면 회사 홈페이지 내 고객사 명단 중 여러분의 고객사를 찾고 그 회사의 의사결정권자에게 솔직하게 추천인으로 나서줄 것을 부탁하라. 이미 여러분의 서비스에 만족한 기업이라면 그 정도 부탁은 들어줄 수 있을 것이며 당신의 열정에 오히려 응원을 해줄 수도 있다.

4. 유연하게 시점을 제시하면서 마무리 요청을 한다.

예제 1

골키퍼 죄송하지만 지금 자리에 안 계십니다.

콜드콜러 그렇다면, 도움을 하나 요청해도 될까요? (P) 김성장 전무님께 메시지를 하나 남겨 주시겠습니까?

메시지 내용은 내일 오전 9시경 제가 다시 전화를 드린다고요.

(P)제 이름은 박주민이며 용건은 전사 영업 개발 수주관리 프로그램 건입니다. 귀사에 반드시 도움이 되는 내용이니 꼭 전해주시면 감사하겠습니다.

> **Tip** 골키퍼가 일부러 거짓말을 할 수도 있지만, 끝까지 정중한 태도를 잃지 않고 도움을 요청한다. 거짓말이 아닐 수도 있기 때문이다. 골키퍼가 생각하기에 '이 사람은 포기하지 않겠구나' 하는 마음을 심어줄 필요가 있다.
> "제가 언제쯤 전화를 드리면 김전무님과 통화가 가능할까요?"
> "김 전무님이 돌아오시면 제가 통화할 수 있도록 좀 도와주시겠습니까?" 등과 같은 표현을 적절히 활용한다.

예제 2

골키퍼 안내자료를 보내주세요

콜드콜러 네, 바로 보내드리겠습니다.

그리고 제가 전화를 드린 이유는 보내드릴 자료를 바탕으로 브리핑을 하기 위함입니다. 도움을 하나 청하겠습니다.

(P) 김성장 전무님께 메시지를 하나 남겨 주시겠습니까? 메시지 내용은 내일 오전 9시경 제가 다시 전화를 드린다구요.

(P) 제 이름은 박주민이며 용건은 전사 영업 개발 수주관리 프로그램건입니다. 귀사에 반드시 도움이 되는 내용이니 꼭 전해 주시면 감사하겠습니다.

> **Tip** 처음부터 안내자료를 요구하는 경우는 대부분 통화를 일찍 마무리하려는 의도가 많다.
> 이때에는 자료만 보내지 말고 전화한 목적을 분명히 밝혀주는 것이 좋다. 그리고 동일한 방법으로 메시지를 남겨달라고 요청을 한다.

예제 3 그럼에도 불구하고 골키퍼가 완강하게 거부를 한다면 다음과 같은 방법을 써 본다.

콜드콜러 지금 선생님께서 김 전무님께서 반드시 아셔야 할 중요한 정보 획득의 기회를 방해하고 있다는 걸 알고 계십니까?

혹은, 의사결정권자님께서 중요한 혜택을 볼 수 있는 기회를 선생님께서 지금 차단하고 있다는 걸 알고 계십니까?

> **Tip** 가급적이면 이 단계까지 가지 않는 게 좋지만 약간의 공세를 통해 기회를 전환할 수도 있다. 이 경우에도 말투는 정중함을 유지해야 하며 다만 좀 더 무거운 톤으로 말하는 게 효과적이다.
> 선생님이라는 표현은 남녀 모두에게 존중받는 느낌을 주어

저항감을 완화하는 데 좋다.

물론, 본인의 스타일과 기호에 맞는 표현이 아닐 경우 쓰지 않는다. 현재는 안내 직원의 이름을 모르지만 통화가 끝날 무렵 이름과 직책을 물어서 메모를 해 놓는다.

비서의 경우는 겸직의 형태도 있어 직책이 있는 경우도 있다. 나중에 통화 시 000 님, 000 과장님, 000 선생님 등으로 호칭하면 좀 더 부드러운 분위기가 형성될 수 있다.

골키퍼 그룹은 어떻게 대하느냐에 따라 우리의 앞길을 막는 방어막이 될 수도, 반대로 길잡이가 되어 줄 수도 있습니다. 한가지 변하지 않는 사실은 다른 대안이 없거나 돌아서 갈 시간이 부족하다면 지금의 골키퍼가 '왕'이다 라고 생각하는 편이 제일 좋습니다. 콜드콜러는 항상 다음의 질문에 대해 주저 없이 말할 수 있어야 합니다. "무슨 일이시죠?" "누굴 찾으시죠?" 그들의 상사에게 여러분을 가치 있는 사람으로 소개할 수 있도록 준비하십시오. 위에 제시된 예제들을 여러분의 업무 환경에 맞게 수정하시고 업데이트 하시기 바랍니다. 그리고 늘 정중한 태도를 잃지 마십시오. 이제 그들은 골키퍼가 아닌 우리의 협력자입니다.

비서와의 협업을 통한 대표이사 접촉하기

앞서서는 접촉 범위를 의사결정권자로 넓혀 포괄적으로 다루었습니다만 이번에는 콕 집어 대표이사를 만나기 위한 접촉 방법에 대해 이야기를 해보겠습니다.

우선 대표이사를 직접 접촉할 경우 여러 면에서 혜택이 있습니다. 첫째, 새로운 고객을 발굴하는 경우 많은 시간과 비용을 줄일 수 있습니다. 둘째, 진행중인 고객인 경우 정체된 상황들이 쉽게 풀려나갈 수 있게 됩니다. 셋째, 기존 고객의 경우 충성고객으로 더욱 발전할 수 있습니다. 이 모든 것들이 가능한 것은 복잡한 의사결정 과정을 단순화할 수 있기 때문입니다.

그렇기에 세일즈맨들은 항상 대표이사 접촉에 관심을 가질 필요가 있습니다.

그리고 이를 가능케 하기 위해선 가장 중요한 키맨, 비서의 협조가 있어야 합니다. 중소기업의 경우 대개 안내 직원이 비서 역할까지 병행하지만 규모가 큰 중견기업 이상의 경우는 정식 비서가 있는 경우가 많습니다. 골키퍼 그룹 중에서도 정식 비서에 대해서는 좀 더 특별한 태도가 요구됩니다. 그것은 그들을 비서가 아닌 회사 내 2인자로 대하는 것입니다. 그들의 보이지 않는 파워를 인정해 주는 것입니다. 말 한마디 한마디에서 그러한 대접을 느끼게끔 고스란히 전해줄 수 있어야 합니다. 그렇다고 해서 주눅이 들린 전형적 을의 스타일로 대해서는 안됩니다.

골키퍼 그룹 때 이야기했던 '업무파트너로 규정하고 리더들의 고민거리를 상의하기'에서 이제는 아예 '리더로 규정하고 동등한 리더로서 고민거리를 상의하기'로 바꾸는 것입니다.

그리고 대화하면서 열심히 그들의 이야기를 메모하고 대표이사에게 전해 줄 메시지에 대해서 부탁만 하면 되는 것입니다.

사실상 이게 끝입니다. 이 전략의 핵심은 어디까지나 다른 콜드콜러들과의 차별화입니다. 하루종일 비서들은 무의식적으로 자신들을 한낱 비서로만 대하는 수많은 사람들로 인해 자존심이 상해 있습니다. 하지만 그들은 회사에서 벌어지는 거의 웬만한 중요정책들을 비롯하여 심지어는 사무실 내 주요 구매 결정에 결정적인 권한을 행사하기도 합니다.

그렇기에 그들의 마인드에는 알게 모르게 자신들이 회사의 주인이라는 생각이 깔려 있으며, 스스로가 만들어낸 자존심이 강한 편입니다. 그래서 더 차갑게 느껴지는 이유입니다. 우리들은 이를 역이용할 필요가 있습니다. 그럼 지금부터 대표이사를 접촉하는 전술에 관해 말씀드리겠습니다.

• 직접 연결을 요청하기

말 그대로 전화를 해서 대표이사를 직접 바꾸어 달라고 하는 것이다. 이 방법을 처음부터 배제할 필요는 없다. 솔루션에 대한 자부심과 제안할 내용들의 가치가 충분히 CEO 레벨을 설득할 만하다고 판단되면 과감하게 직접 연결을 요청한다.

예제

비 서 메시지를 남겨드리겠습니다.

콜드콜러 감사합니다. 그런데 남길 메시지가 상당히 깁니다. 시간을 절약할 수 있도록 팩스로 보내드리도록 하겠습니다. 팩스 번호가 어떻게 되시나요?

 Tip 대표이사가 자리에 있을지라도 낯선 사람을 바로 연결해주는 아름다운 비서는 없다. 이때, 달성해야 할 목표는 팩스 번호를 알아내는 것이다. 팩스는 오래된 도구이지만 때론 이메일이나 DM보다 더 강력한 힘을 발휘하기도 한다.

중요한 것은 팩스를 보내는 테크닉이다. 핵심은 콜드콜러가 대표이사의 연락을 받을 수 있는 날짜와 시간대를 기입하는 것이다.

그리고, 그 시간에 연락을 줄 수 없다면 비서 '000 님'을 통해 연락 가능한 날짜와 시간을 남겨 달라고 부탁하는 것이다. 이 때 중요한 것은 절대 비서라고 쓰면 안 된다. 사전에 알아낸 비서의 이름과 직책을 쓰는 것이다. 직책이 있든 없든 님이라는 표현을 명기해주면 좋다. 이 팩스를 비서는 반드시 보게 되어 있다.

상상해보라! 자신을 존중해주는 이름이 적힌 팩스를 보고 흐뭇해할 비서의 미소를, 그리고 재빠르게 대표이사의 책상 위정 가운데에 올려지는 큼지막한 나의 A4지 팩스 문건을!

부재 중이실 때

이 름 _____

소 속 _____

연락처 _____

메시지 _____

_____

_____

_____

_____

_____

아래의 날짜와 시간에 전화 주시면
대표님의 전화를 바로 받을 수 있습니다.

날짜 _____ **시간** _____

여의치 않으실 경우 ○○○님께 연락가능한 날짜와 시간대를
남겨주세요. 제가 연락 드리도록 하겠습니다.

날짜 _____ **시간** _____

팩스용 A4 양식 견본

1. 대표이사에게 편지쓰기

몇 년 전 어느 한 모임에서 꽤 유명한 한 강연가의 특강을 듣게 되었다.그는 세바시나 KBS 아침마당과 같은 수많은 지명도 있는 프로그램에도 출연했었고 삼성전자와 같은 대기업을 포함 전국 각지의 기업 · 기관에서 러브콜을 받는 억대 연봉의 스타 강사였다.

그런데 사실 그의 본업은 강사가 아닌 현직 택시기사였으며, 더 놀라웠던 건 국내유일의 택시대학을 설립하고 그곳에서 총장이라는 직함으로 학교운영을 하고 있다는 점이었다.

그 주인공 이름은 정태성 씨였다. 그리고 이날 강연에서 그는 자신만의 성공 노하우를 공유해 주었다.

다름 아닌 정성을 다해 자필로 쓴 편지쓰기였다. 그가 선진국 택시문화와 서비스를 공부하기 위해 혹독한 훈련으로 이름난 일본 MK택시 신입사원 연수에 참가한 일화는 유명하다.

왜냐하면 MK는 자국민 이외의 타국인을 절대 받지 않기 때문이다. 이를 가능케 한 것이 그의 편지쓰기 전략이었으며, 그의 편지쓰기 전략에 MK 회장도 결국 굴복하고 그를 받아들이기로 한 것이다.

이렇듯 편지는 강력한 힘을 지니고 있다. 세일즈맨들이 대표이사와의 만남을 갖고자 할 때, 그런데 만남을 갖기가 쉽지 않을 때 우선 정성껏 준비한 전략적인 편지 한 통을 보내는 것이다.

그리고 난 후 비서와의 통화를 통해 우리는 유유히 성문 안으로 들어갈 수 있게 된다. 대표이사 접촉을 위한 전체적인 순서는 아래의 그림과 같다.

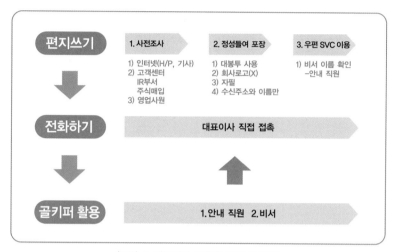

(그림 4. 대표이사 접촉을 위한 FLOW)

1단계로 편지를 쓰는 방법은 회사와 대표이사에 대한 철저한 사전조사를 바탕으로 이루어진다.

인터넷 검색부터 다양한 부서(고객센터, IR부서, 영업부서 등)접촉을 통해 회사와 대표이사의 관심사를 파악한다. 주식매입 등을 통해 주주로서 정보를 획득하는 방법도 있다.

이때, 편지의 내용은 상품이나 서비스와 관련된 내용을 설명하는 게 아닌 CEO의 주목을 받을 수 있는 사업적 제안 형식으로 써야 한다. 그리고 일반적인 편지 형식보다는 훌륭한 잡지광고 형식을 추천

한다.

즉, 내용을 한 번에 알아챌 수 있도록 굵은 글씨의 헤드라인과 CEO들이 좋아하는 혜택 위주의 서브 카피로 간결하게 몇 가지만 정리해서 기술하면 좋다. 마무리 부분에서는 적당한 거리 두기의 전술을 펼쳐야 하는데 핵심은 제안하고자 하는 내용이 귀사의 발전에 도움이 될 수 있는지 없는지에 대해 검토만 하겠다는 형식을 취하는 것이다. 혜택 부분이 CEO를 주목시킬 수 있다면 그걸로 족하다.

마지막으로 가장 중요한 추신(P.S)부분에는 앞서 팩스 보내기 방식과 같이 통화 가능한 시간대를 제안하고 여의치 않을 경우 비서(이름, 직책, 님)에게 통화 가능한 날짜와 시간대를 남겨달라고 요청하는 것이다. 비서의 이름은 다른 골키퍼 그룹을 이용해 미리 알아낸다. 다시 한번 강조하고 싶은 것은 전형적인 세일즈맨처럼 글을 써서는 안 된다. 반드시 사업가의 자세로 사업가의 언어로 써야 한다.

다음으로 편지 포장도 중요한데 회사 로고가 찍힌 봉투는 피한다. 선입견을 갖지 않게 하기 위함이다.

눈에 띄는 큰 봉투를 사용하며 헤드라인 메시지, 수신 주소와 이름만 쓰면 충분하다. 자필로 하면 좋은데 심각한 악필인 경우 다른 사람에게 부탁한다. 이외에도 각자 창의성을 발휘해서 주목받을 수 있게 하면 좋다. 수신인엔 대표이사의 이름을 명기한다.

형광펜 같은 것으로 이름 주변에 라운드를 쳐주는 것도 좋다.

2단계로 편지를 부치고 편지가 도착했을 때 즈음 전화를 건다. 직접 접촉이 가능하면 대표이사에게 바로 건다. 단, 심신의 컨디션이 최고조일 때 하도록 한다. 목소리에서부터 강한 열정과 설득력이 전달되어 성사율이 높아지기 때문이다. 2단계가 어렵다면 곧바로 3단계인 비서와의 통화를 시도한다.

2. 비서를 동맹군으로 삼아 대표이사 접촉하기

편지가 정상적으로 도착이 되고 대표이사가 내용을 본 후 관심이 있다면 그 편지는 이내 비서에게 전달이 될 것이다. 비서는 그 편지를 확인하면서 자신의 이름이 적힌 글을 처음으로 보게 되고 편지를 보낸 사람에 대해 호감을 느끼게 된다.

그리고 이름과 연락처를 특별히 메모해 둔다. 바라는 게 있다면 한 번도 이런 편지를 받아본 적이 없는 비서가 감동까지 받으면 좋겠다. 나중에 통화를 하면서 자연스럽게 동맹군으로 편입시킬 수 있기 때문이다. 그렇게만 될 수 있다면 앞으로 대표이사와 접촉하는 것은 일도 아닐 것이다.

어떻든 지금 콜드콜러는 골키퍼 그룹을 향해 전화를 시도한다. 안내 직원이 전화를 받게 되면 자기소개 후 용건을 말한다.

"000 대표님과 00시 00분경에 통화하기로 되어 있습니다. 연결해 주시면 고맙겠습니다" 또는 "000 대표님과 00시 00분경에 통화하기로 되어 있습니다. 비서 OOO님께 연결해 주시면 고맙겠습니다" 정중한 태도와 자신감 있는 톤으로 말하라. 무난하게 연결이 될 것이다.

드디어 비서와 연결이 된다. 콜드콜러가 자기소개를 한 순간 비서는 이미 이름을 기억해내고 평상시와는 다르게 친절하게 전화 응대를 해 주게 된다. 어쩌면 기다리고 있었다는 듯이 예상치도 못한 환대를 받을지도 모른다.

물론, 이와 같은 방법이 항상 성공한다는 보장은 없습니다. 또 예상과 달리 골키퍼 그룹의 저항이 거셀지도 모릅니다.

하지만 어떠한 경우라도 그들에게 화를 내서는 안 됩니다. 정중함을 잃어서도 안 됩니다. 장황한 설명을 할 필요는 없지만 , 편지에 쓰였던 헤드라인과 같은 정보를 주면서 일차적으로 비서와의 연결이 매우 중요하다는 것을 인식시켜 주기만 하면 됩니다.

우리의 목표는 최소 비서와의 연결임을 잊지 마십시오.

05

가망고객의 저항을 최소화하기 위한
오프닝 전략

이제 드디어 무대의 커튼이 올려졌습니다. 의사결정권자와의 통화가 목전에 놓인 것입니다.

이제 그동안 준비해 온 것들을 바탕으로 약속 일정을 받아내야 합니다. 그런데, 죄송한 얘기지만 대부분의 콜드콜링이 10초 이내에 헛수고로 돌아가는 경우가 많다는 사실을 말하지 않을 수 없습니다. 마치, 투수가 경기가 시작된 후 공 몇 개를 던지자마자 덕아웃으로 물러나야만 하는 상황과 같습니다.

희망적인 뉴스는 이러한 세일즈맨들이 저지르는 10초 이내의 실패를 미연에 방지할 수 있다는 점입니다.

그것도 거의 모든 세일즈 현장에서 말이지요. 기본적인 이해를 돕기 위해 2가지의 문장을 준비해 보았습니다.

우선 어떻게 다른지 느껴보시기 바랍니다.

A . 이 장에서 다룰 나머지 내용은 건물 내 환기시스템에 관련된 것입니다. 우리는 건물 구조에 따른 온풍기 및 에어컨 설치 최적화 시스템이 어떻게 다른지에 대해 살펴볼 것이며, 공기의 순환구조를 고려한 인텔리전스 빌딩 내 온풍기 및 에어컨 시스템 설치 프로그램은 어떻게 다른지에 대해 비교 · 분석한 결과를 바탕으로 설명 드리도록 하겠습니다.

B. 이 장에서 다룰 나머지 내용은 어떻게 하면 건조한 건물 내에서 피부 보습을 유지하고 쾌적하게 지낼 수 있는지에 관한 것입니다.

여러분들은 A, B 각각에 대해 어떠한 반응을 보이셨나요? 먼저, A의 경우는 필자처럼 반응하지 않았을까 싶습니다. '별로 알고 싶지 않다. 그리고 더 이상 보고 싶지 않다.' 들어야 할 필요성을 못 느끼고, 지루함이 느껴져 빨리 이 순간으로부터 벗어나고 싶다는 생각을 하셨을 것입니다. 반면에 B는 어떠셨나요? 보는 순간 시선을 끌고, 필요성이 느껴지며 더 많은 구체적인 정보를 얻고 싶다는 마음이 들지 않으셨나요? 필자는 강조합니다. 콜드콜링을 한 후 10초 이내에 가망고객의 마음속에 B와 같이 긍정적인 감정을 불러일으켜야 합니다. 정리하면, A와 같은 유형으로 인한 상황들을 최소화하고 B와 같은 유형으로 최대한 유도해야 합니다. B와 같은 상황으로 유도하는

데 있어서 필요한 것은 앞으로 다루게 될 새로운 기술을 배우는 것이 중요합니다. 하지만 여기서는 아주 기본적이면서도 많은 사람들이 놓치고 있는 표현과 태도, 가급적 쓰지 않아야 할 단어, 구문, 질문 등에 대해서 먼저 짚어보고자 합니다. 필자는 수많은 콜드콜링을 시도하면서 이러한 것들만 잘해도 약속 잡기에 상당한 효과가 있음을 체험했습니다. 그리고 24년여 비즈니스 현장 가운데 갑의 위치에서도 다양한 세일즈맨들의 콜드콜링을 받아 보았는데 그때 아쉽게 느껴졌던 부분들을 함께 정리해 보았습니다. 이른바 '하지 않아야 할 리스트' 입니다. 물론, 여기엔 세계 최고 수준의 콜드콜러들이 공통적으로 강조하는 내용도 있습니다. 더불어 여러분들에게 당부하고 싶은 말이 있습니다.

· 소수의 예외적인 분들에게는 문제가 되지 않을 수도 있습니다. 하지만 대부분의 사람들에게는 좋지 못한 습관이 됩니다.

· 모든 상황에서 항상 동일하게 작동하는 것은 아닙니다. 하지만 가망 고객의 저항을 최소화하여 실패율을 줄이는 데에는 분명한 효과가 있습니다.

· 전화라는 매체의 특성을 잘 이해해야 합니다. 오직 목소리에 의

해서만 전달되는 전화소통에서 가망고객의 인내심은 평상시보다 매우 부족합니다.

1. 통화 시작 후 10초안에 피해야 할 표현들

• 자신의 이름을 안 밝히고 회사소개로만 대체하는 경우

(콜드콜러) 안녕하세요, 저희는 레이저 부품 관련 공급과 서비스를 제공하는 OOO컴퍼니입니다.

자신의 이름을 안 밝히고 회사소개로만 자기소개를 대체하는 사람들이 상당히 많다. 이러한 소개는 자칫 프로답지 못하며 자신감이 없게 비춰질 수도 있다. 받는 사람에 따라서는 자신의 이름을 밝히지 않는 사람을 경계하기도 한다. '왜 자기 이름을 안 밝히는 거야' 라고 통화 내내 불만을 품을 수도 있다. 명심하라. 자신의 이름을 밝혀서 문제가 되는 경우는 없지만 안 밝혀서 흠이 될 수는 있다.

• 저에 관해 간략히 소개해 올리면

(콜드콜러) 저희 회사에 대해 간략히 소개해 올리면.. 혹은 저에 관해 간략히 소개드리면..

이번엔 반대의 경우이다. 우린 네트워킹을 위해 와인 파티에 온 것이 아니다. 미안한 얘기지만 지금 이 순간 가망고객은 여러분과 회사

에 대해 전혀 관심이 없다. 오직 관심의 대상은 가망고객이 되어야 한다. 이러한 표현은 중요하지도 않을뿐더러 시간만 잡아먹는 셈이 된다는 것을 꼭 기억해야 한다. 자신 및 회사의 이름이 요약된 멘트 하나면 충분하다.

- 바쁘신데 죄송합니다.

(콜드콜러) 바쁘신데, 방해해서 죄송합니다. 잠시만 실례하겠습니다.

이와 같은 표현은 오늘날 콜드콜러 스스로의 가치를 깎아 내리는 표현이 될 수 있다. 과거에는 상대를 배려하고자 사용했던 표현인데, 지금은 낡고 구식이 되었으며 오히려 민폐까지 되어가고 있다. 현대 사회에서 안 바쁜 사람들은 없다. 지금 오직 생각해야 할 건 가망고객을 도울 수 있는 여러분의 가치 있는 제안뿐이다. 그 가치로 인해 그들의 삶 혹은 환경이 더욱 나아질 수 있다면 여러분은 그들에게 미안해해야 할 하등의 이유가 없다. 결국, 여러분의 가치는 여러분 스스로가 결정하며, 그 가치를 가망고객이 느끼게 해 줄 수만 있다면, 그들은 없던 시간도 만들어 낼 것이다. 그리고 더욱더 여러분들의 이야기를 듣고 싶어 할 것이다. 그러니 절대로 미안해할 상황을 만들지 마라.

- 특별한 결과(가치, 혜택)가 제시되지 않은 상태에서의 상품이나 서비스에 대한 언급

(콜드콜러) 안녕하세요, 저는 글로벌 사무용품 공급업체 OOO컴퍼니의 OOO입니다. 저희는 글로벌 유통망을 바탕으로 높은 퀄러티의 사무용품을 안정적으로 공급해 드릴 수 있습니다.

보통, 이런 식의 콜드콜링을 받은 가망고객은 이렇게 반응한다. "필요 없습니다." "저희 지금 거래하는 업체에 만족합니다." 오프라인 상담보다 전화라는 매체에서 가망고객의 머리 회전은 엄청나게 빠르다. 이 말은 곧, 어디에서나 누구로부터 들을 수 있는 일반적인 메시지를 걸러 내는 기능이 발달되어 있다는 뜻이다. 특별한 결과값이 공유되지 않은 상태에서 상품이나 서비스에 대한 섣부른 언급은 통화를 일찍 마무리하게 만드는 가장 좋지 않은 표현 중 하나이다.

- 잘 인식하지 못하는 세일즈맨스러운 표현들

(콜드콜러) 통화하기가 무척 어려웠습니다. 또는 통화하기 정말 힘드네요.

이러한 표현은 공식적으로 '당신은 바쁜 갑이고 나는 당신을 쫓아다니는 을입니다.' 라는 것을 정하는 꼴이 된다. 어떻게 보면 자신감에

서 비롯된 표현일 수도 있지만, 굳이 안 해도 될 표현이다. 그저 그런 세일즈맨으로 인식되는 순간 여러분은 한 수 접고 들어가야만 하기 때문이다.

> (콜드콜러) 잘 아시겠지만…, 제가 찾아봬서 설명해 드리게 되면…, ~ 에 대해 만족하시리라

이러한 표현 구조는 보통 기업이 아닌 개인고객 유형에서 많이 볼 수 있는데 항상 그런 것은 아니지만 대체적으로 기업 고객에게는 잘 먹히지 않는 표현 중 하나이다. 그들은 결과에 의해 움직이지, 의도나 의지에 많은 점수를 주지는 않기 때문이다. 경우에 따라 콜드콜러를 가벼운 존재로 볼 수도 있다.

> (콜드콜러) 혹시 국내영업사업부에서 통합 시스템 부문을 책임지고 계시는 OOO 상무님 맞으신가요?

이러한 표현 구조는 무의식적으로 가망고객의 마음속에 반감을 사게 만들 수도 있다. 안타깝게도 종종 이러한 표현이 가벼운 톤과 더불어 "저는 지금 물건을 팔고자 전화했고, 그것을 결정해줄 사람이 당신이라고 생각해요 맞죠?" 라는 식으로 전달되곤 한다.

(콜드콜러) 10분 정도 시간을 내주시면.., 또는 잠시만 시간을 내주실
수 있을까요?

이러한 표현은 여유 있는 가망고객에게조차 촉박한 시간 엄수의
기준을 재확인시켜주는 꼴이 될 수 있다. 즉, "시간이 많지 않아요",
"뭔데요? 빨리 얘기해 보시죠"라는 답변이 나올 수밖에 없게 된다. 동
시에 가망고객의 마음속엔 "이 사람 전형적인 세일즈맨이군" 이라는
부정적인 인식으로 채워지게 된다.

이쯤 되면, 이 글을 읽고 계신 분들 중에 이런 반론을 제기하는 분
들이 계실 수 있습니다. "좋습니다. 하지만 우리는 세일즈맨이고 무언
가를 팔기 위해 이러한 시도를 해야만 한다고 생각합니다. 그렇지 않
나요?"맞습니다. 그 의도에 전적으로 동감합니다. 하지만, 방법과 타
이밍이 문제라는 걸 말씀드리고 싶습니다. 아울러, 그들에게 우리가
단순히 세일즈를 하기 위한 사람으로만 비춰지는 걸 경계해야 한다는
것도 덧붙이고 싶습니다. 왜 그래야만 할까요?

첫째, 가망고객들은 낯선 세일즈맨들과 이야기하는 것을 그다지 좋
아하지 않기 때문입니다. 이것은 자연스러운 현상입니다. 여러분들은
가끔 쇼핑을 하러 상점에 갔을 때, 많은 점원들이 다가와 "무얼 도와

드릴까요?", "이 상품이 손님한테 잘 어울리세요." 같은 영업 멘트를 듣게 되실 때 어떠한 감정이 드시나요? 솔직히 어쩔 땐 귀찮기도 하고, 적당히 거리를 두어 줬으면 하고 바라시지 않으셨나요? 속된말로 오늘날 세일즈맨들이 '훅 들어오는 느낌'을 좋아하는 소비자들은 거의 없습니다. 마찬가지로 기업의 가망고객도 판단할 수 있는 적절한 조건이 형성되었을 때 스스로 구매를 고려하고 싶은 것이지, 설득에 의해 구매를 당하고 싶지는 않은 것입니다.

그러므로 위와 같은 표현들은 여러분을 호의적으로 만드는 것이 아니라 더욱더 부담스럽게 느끼게 하며 그래서 그들을 방어적으로 만든다는 사실을 꼭 기억하시기 바랍니다.

둘째, 콜드콜러는 10초 안에 가망고객의 마음을 긍정적이고 수용 가능한 상태로 만들어야만 합니다. 만일, 그렇지 못할 경우 가망고객은 곧 부정적인 상태가 되고, 마음속엔 '이 세일즈맨으로부터 빨리 벗어나고 싶다' 라는 생각으로 꽉 차게 됩니다. 그래서 콜드콜러가 가장 신경을 써야 할 부분은 빠른 시간 안에 그들의 흥미를 끌어낼 수 있는 가치 제공의 멘트를 준비하는 것입니다.

셋째, 세일즈를 의도하면 세일즈가 더 안 되기 때문입니다. 세일즈의 본질은 고객의 고통을 진단하고 가치제공을 통해 고객의 문제를 해결하는 것입니다. 그런데 소위, 세일즈맨스럽다(salesy), 느끼하다 (cheesy)라고 인식되는 세일즈맨들의 전형적인 초기 멘트들은 그 의도 와 상관없이 이러한 본질들을 흐리게 하곤 합니다. 특히, 개인고객이 아닌 기업고객, 대면상담이 아닌 전화상담에서는 더욱 그렇다는 것을 꼭 숙지 하시기 바랍니다.

2. 가망고객을 당황하게 만드는 표현들

한 남자가 어느 분위기 좋은 곳에서 마음에 드는 여성을 발견했습 니다. 그리고 초면에 이렇게 말을 건넵니다.

"너무 아름다우셔서 첫눈에 반했습니다. 저와 결혼해 주시겠습니 까?" 아마 그 여성은 속으로 "뭐 이런 미친 놈이 다 있어" 하며 자리 를 뜰 것입니다.

이번엔 조금 완곡한 표현을 해보겠습니다. "우리는 잘 어울리는 커 플이 될 것 같습니다.", "제가 진짜 괜찮은 사람이거든요, 함께 시간 을 보낸다면 무척 재미있을 것 같아요, 금요일 6시 어때요?" 예상하 시겠지만 여성은 당황한 표정을 지으며 이 제안을 받아들이지 않을 것입니다. 물론, 예외가 있을 수도 있겠네요.

수백 번 시도를 하다 보면요. 그런데 놀라운 사실은 이와 같은 선 부르고 당혹스러운 상황들이 콜드콜링의 순간에서도 일어난다는 것 입니다.

섣부르고 조급한 의지의 표현들

· 저희는 귀사의 1차 벤더로서 대화할 준비가 되어 있습니다.

· 귀사와 발전적인 관계로 함께 성장하고 싶습니다.

· 저희는 귀사가 만족하실만한 탁월한 제품을 보유하고 있습니다.
함께 논의한다면 좋은 시간이 되리라 생각됩니다. 다음 주 금요일 3
시쯤 어떠신가요?

· 다음 주에 있는 저희 회사의 컨퍼런스에 귀사를 모시고자 이렇게
전화를 드렸습니다

보기엔 멀쩡한 이 표현들이 적절한 타이밍에서 사용되지 않을 경
우 가망고객을 당황케 하고 뒷걸음질 치게 할 수 있음을 알아야 합니
다. 그런 면에서 콜드콜링은 연애와 비슷한 부분이 많습니다.

소위, 여성이 마음에 든다고 무턱대고 남성이 들이대기 시작하면
여성은 부담스러워할 수밖에 없습니다. 처음 통화가 연결되었을 때
가망고객의 마인드는 경직되어 있습니다.

특히, 낯선 사람의 목소리를 들었을 때 긴장도는 더욱 커집니다.
아직 들을 만한 마음의 준비가 덜 된 것입니다.

그런데 그 상황에서 어떤 의지와 의도가 담긴 콜드콜러의 조급함
이 느껴지는 멘트를 듣는다면 가망고객의 마음이 어떨까요?

결국은 "아…네", "글쎄요" 정도밖에 딱히 할 말이 없게 되는 것입

니다. 이때에는 먼저 흥미와 호기심을 유발시킬 수 있는 가치 있는 제
안을 먼저 해야 합니다.

그래서 그들의 마음이 먼저 수용적이고 긍정적인 상태가 되도록
해야 합니다. 그리고, 적절한 타이밍이 찾아왔을 때, 질문을 동반한
권유만 해도 우아하게 약속을 잡을 수 있게 됩니다.

우리는 다음 장에서 이 방법들을 배우게 됩니다.

• 당황하게 하는 질문들

(콜드콜러) 저는 abc 컴퍼니에서 근무하는 OOO입니다. 저희 회사 들
어보셨죠?

저는 abc 컴퍼니에서 근무하는 OOO입니다. 저희 회사 혹시 들어 보
셨나요?

종종 이러한 무리수를 두는 콜드콜러들이 있다. 만일, 가망고객이
못 들었다고 하면 콜드콜러는 자신의 회사에 대해 어떻든 설명을 해
야만 한다.

이는 이미 마이너스 요소로 작용이 된다. 거기에 자신의 회사 가치
를 스스로 떨어뜨리는 결과까지 가져다준다. 설사, 가망고객이 안다
고 대답을 했어도, 아직 그들은 정식 고객이 아니기에 이러한 질문은
불편함을 주고 방어적이게 한다.

아니면 썰렁해지거나. 그러므로, 우선은 가망고객과의 교감을 생성시키는 데 주력하는 것이 맞다. 자신의 회사에 대한 이야기는 가망고객이 수용적이고 긍정적인 상태가 되었을 때 물어봐도 늦지 않다. 더 좋은 건 그들이 물어왔을 때 답을 하는 것이다.

콜드콜러 (이메일)자료는 보셨습니까?

이러한 질문을 던지는 이유는 콜드콜러가 가망고객과의 따뜻한 분위기를 형성시키기 위함이다.

그래서, 미리 관련된 자료를 보내놓고 며칠 만에 전화를 걸어 확인한다. 결론부터 말하면 가망고객은 아주 특별히 고안된 편지(혹은 등기물) 정도를 제외하고 이메일로 보낸 자료를 거의 보지 않는다.

설사 보았다고 하더라도 안 봤다고 말할 확률이 높다. 왜일까? 자신의 관심사가 아닐 가능성이 높거나 콜드콜러가 혹시 만나자고 할까봐, 즉, 귀찮게 할까 봐 싫은 것이다.(그들은 타이틀만 봐도 봐야 할 메일과 휴지통으로 보낼 메일을 바로 구분한다) 이러한 질문은 가망고객을 더욱더 방어적으로 만들 뿐이다.

덧붙이면, 낯선 가망고객과의 초기 통화 시에는 어떤 확인을 요하는 질문 형식은 피하는 게 좋다. 분위기가 서먹서먹해질 가능성이 높기 때문이다. 성격은 다르지만 다음과 같은 질문도 안 좋다.

"언제 찾아뵈면 좋겠습니까?", "~에 대해 어떻게 생각하십니까?"
이러한 질문들은 가망고객을 난처하게 만들고 대화의 맥을 끊게 된다.

3. 주의를 기울여야 할 단언적 · 선언적 표현

(콜드콜러) 저희의 솔루션이 귀사의 비용을 절감시켜 드릴 수 있습니다.

저희의 상품이/서비스가 귀사의 수익을 증대시킬 수 있습니다.

귀사의 비용을 낮추어 드리고 수익은 배로 증가시켜 드립니다.

"와~이런 표현은 좋은 거 아닌가요?" "이 정도면 비교적 괜찮은
표현 아닌가요?" 하시는 분들이 혹 계실지 모르겠습니다. 그런 의미
에서 힌트를 좀 드리면 이 문장들을 좀 바꾸어서 사용할 필요가 있다
는 말씀을 먼저 드리고 싶습니다.

이 부분은 곧 다음 장에서 다루게 될 것이므로 여기서는 왜 이러한
표현을 조심스럽게 다루어야 하는지에 대해서만 말씀드리겠습니다.

필자도 처음에는 여러분과 비슷한 생각이었습니다. 그런데 연구를
거듭하다 보니 이 표현이 어떤 가망고객에게는 신뢰를 주지 못할 수
도 있다는 사실을 알게 되었습니다.

왜 그런지 살펴볼까요? 우선, 이 표현의 문제점은 단언적이고 선언
적이어서 자칫 진지하지 않게 들릴 수 있습니다.

생각해보면 가망고객 회사의 사정을 제일 잘 아는 사람은 전화를

받는 당사자들입니다. 그리고 한 회사의 비용과 수익이라는 것은 매우 민감한 사안일 수 있습니다.

어쩌면 지표상에 나타난 숫자보다 더 건강하게 성장하고 있을 수도 있고, 혹은 그들의 이슈가 지금 당장은 수익이나 비용 문제가 아닐 수 있습니다.(우리는 회사의 모든 문제를 수익과 비용으로만 몰고 가려는 유혹으로부터 벗어날 필요가 있음) 그런데, 지금까지 얼굴 한번도 본 적이 없는 사람이 어느 날 갑자기 전화가 와서 회사의 수익지표를 개선해 주겠다고 합니다. 그것도 배로 말입니다.

여러분이 회사의 결정권자로서 이러한 전화를 받는다면 어떤 기분일까요? "와~ 정말입니까? 대단하시네요···. 빨리 저희 회사로 방문 좀 해주실래요?" 라고 말하실건가요? 아마 그렇지 않으실 겁니다. 사람에 따라선 이러한 표현에 대해 매우 의심스러워할 수도 있습니다.

왜냐하면 회사 조직에 대해 너무나 쉽게 문제점을 지적받는 느낌을 받을 수도 있기 때문입니다. 물론, 콜드콜러는 그렇게까지 심각한 상황을 고려하고 말하진 않았을 것입니다.

바로 이러한 생각의 차이에서 콜드콜러에 대한 불신이 더욱 커질 수도 있는 것입니다. 그래서 이러한 표현은 일종의 대담한 선언문과 같아 때론 곤란한 상황에 놓일 수 있습니다. "도대체 어떤 배경에서 저희 회사 수익과 비용 문제를 개선시킬 수 있다는 거죠?" 라는 가망고객의 질문에 대해 여러분이 침착하게 답변할 자신이 있다면 얼마든지 사용해도 좋습니다.

하지만 그렇지 못할 경우, 난처한 상황에 놓일 수도 있음을 알아야 합니다. 이 정도는 아니지만 필자 역시 가망고객에게 너무나 담대한 선언을 했다가 아주 까다로운 질문을 받은 적이 있었습니다.

한마디로 "자신의 회사에 대해 알면 얼마나 잘 알길래 그렇게 호언 장담을 하느냐"였습니다. 정말이지 식은땀을 삐질삐질 흘려가며 힘 겹게 답변을 했던 기억이 납니다. 그날 이후 필자는 기존의 표현 방식을 하나하나 교정해가기 시작했습니다.

그리고 보다 스마트한 방법들을 찾아 업데이트하였습니다.

이제 여러분과 이를 공유하고자 합니다.

06

가망고객의 관심을 유도하는
스마트 오프닝 프로세스

환영합니다. 사실, 이 책 전반에 걸쳐 가장 하이라이트 영역에 여러분은 도착하셨습니다. 전 시간에 우리는 알게 모르게 사용해왔던 '하지 말아야 할 표현들'에 대해서 알아봤습니다.

이제는 본격적으로 '해야 할 표현'들에 대해 배우는 시간을 갖고자 합니다. 수비에서 공격으로의 전환입니다. 공격이라고 해서 거칠고 강한 것을 연상하실지 모르겠지만 우리의 공격은 부드러우면서도 우아함을 추구합니다. 도대체 무슨 말인가 싶으실 겁니다. 솔직 토크를 한번 해볼까요?

"사람들이 콜드콜링을 주저하는 이유가 무엇일까요?" 이 질문은 곧 "사람들이 세일즈를 주저하는 이유가 무엇일까요?"와 크게 다를 바 없다고 필자는 생각합니다. 이유는 부탁을 해야 하기 때문입니다.

원래 사람들은 타인에게 무엇이든 부탁하는 것을 좋아하지 않습니다. 심지어는 이를 아주 굴욕적으로 생각하는 사람도 있습니다. 그 심리적 기저를 살펴보면 대가를 치러야 할 부담스러운 빚이라고 생각하기 때문입니다.

특히, 비즈니스 세계에서의 부탁이란 을의 입장에서 갑에게 구애하는 형식을 띠고 있기도 해서 사람들은 그 자체를 싫어합니다.

물론, 잘못된 인식입니다. 그래도 세일즈맨이 지닌 잘못된 인식은 교육을 통해서 상당 부분 바꿀 수가 있습니다.

문제는 우리가 상대해야 할 고객들도 그러한 인식을 가지고 있다는 점입니다. 일컬어, 세일즈와 세일즈맨에 대한 고정관념입니다.

그래서 세일즈를 어렵다고 말하는 것입니다. 진정한 세일즈맨이자 콜드콜러는 이 고정관념을 오프닝 단계에서부터 깨뜨려줘야 합니다.

그렇지 않을 경우 대화 전개가 매우 힘들어지기 때문입니다. 신선하면서도 차별화된 스크립트가 필요한 이유입니다.

그래서 지금부터는 하나씩 하나씩 단계별로 스크립트를 완성해 가보는 시간을 가질 것입니다.

그동안 여러분이 발굴하고 조사한 가망고객의 정보 그리고, 솔루션에 대한 가치들을 어떻게 접목해 나아가는지 함께 채워 나아가 보도록 하겠습니다.

• 양준혁 전 프로야구 선수의 만세 타법

오프닝 스크립트를 논하는데 웬 양준혁의 만세 타법? 관련해서 꼭 하고 싶은 말이 있기 때문이다 잘 알다시피, 양준혁 선수는 우리나라를 대표하는 KBO 출신 전 프로야구 선수이다.

야구를 잘 모르는 사람이라도 '양신' 이라는 그의 별명을 한 번쯤은 들어봤을 정도로 현역시절 그의 활약은 대단했다. 그런데, 그의 타격 자세는 유달리 독특했다. 일명, 만세 타법이라 불리는 그의 스윙은 독특함을 넘어서 신기하기까지 했다.

"어떻게 저런 타격폼으로 저렇게 잘 칠 수 있는 거지?" 하며 사람들은 의아하게 생각했다. 그럼에도 그는 데뷔 시즌 최초로 신인왕과 타격왕을 동시에 거머쥔 유일한 선수가 되었으며, 지금도 그가 달성한 수많은 기록들은 한국 프로야구사 베스트 레전드 30인에 들어가는 데 손색이 없을 정도로 대단했다.

예상하건데, 그 어떤 야구코치나 감독도 그러한 타격폼을 가르쳐주지는 않았을 것이다. 하지만 모든 야구 지도자들은 오늘도 모든 선수들에게 어떻게 하면 야구방망이의 중심(swing spot)에 투수의 공을 정확히 맞힐 수(hitting) 있도록 하는가에 온 힘을 기울인다.

분명, 양준혁 선수의 타격폼은 다소 우스꽝스럽게도 보였지만 그는 언제나 정확하게 공을 맞혀 안타나 홈런을 만들어내는 결과를 낳았다. 가망고객과 약속을 잡아내는 데 있어서도 이와 같은 양준혁 만세 타법이 나올 수 있다. 그래서 필자는 앞으로 소개할 오프닝 스크립트의 틀이 가장 완벽하다고 주장할 수는 없다.

하지만 분명히 약속할 수 있는 것은 이 새로운 신무기로 장착하게 될 경우 가망고객의 저항은 현저히 줄어들고 약속잡기 성공률은 높아질 것이라는 점이다. 바라는 게 있다면 이 솔루션을 통해 여러분들이 실제 업무 현장에서, 더 많은 영업기회들을 만들어 냈으면 한다.

필자는 앞서 우리가 지향하는 가망고객과의 약속 잡기는 부드러움과 우아함을 추구한다고 했다. 스마트한 오프닝 스크립트는 여러분들이 그렇게 될 수 있도록 도울 것이다. 남은 것은 스윙 스팟(swing spot)에 정확하게 공이 히팅(hitting)될 수 있도록 연습하는 것이다.

그리고 반드시 여러분의 업무 현장에 맞게 스크립트를 교정하고 다듬어 나아가야 함을 강조한다.

• 오프닝에서 달성해야 할 2가지 목표

여러분이 실제 가망고객과 콜드콜링을 하게 될 경우 반드시 달성해야 할 2가지 목표이다.

(목표1) 가망고객의 초기 마인드를 긍정적이고 수용적인 상태로 이동시킨다

(목표2) 질문 단계로 이동하여 가망고객이 말하게 한다.

이것이 전부이다. 이 두 가지 목표는 앞으로 여러분들의 마음속에 잘 새겨 두어야 할 사항이다. 오프닝 단계에서 여러분은 프레젠테이

션을 하지 않는다. 또한 가망고객에게 어떠한 결정이나 약속요구, 상품이나 서비스 등에 대한 설명을 하지 않는다.

여러분은 오직 가망고객으로 하여금 호기심과 흥미를 발생시켜 관심을 유도하고 대화의 단계로 이끌기만 하면 된다.

• 스크립트의 작성과 전달

학창시절 국어 시간에 '말을 하는 것이 글을 쓰는 것보다 훨씬 어렵다'라고 배웠던 기억이 난다. 글은 실수했어도 다시 고쳐 쓸 수 있지만, 한번 내뱉은 말은 주워 담을 수 없기에 신중해야 함을 강조한 것이다.

일단, 콜드콜러의 말이 가망고객에게 전달되는 순간, 그 말은 수정될 수 없다. 물론, 정정을 할 수는 있겠지만, 그만큼 신뢰가 떨어지게 되는 법이다. 스크립트를 작성할 때 우리는 크게 '내용과 전달'이라는 측면에서 살펴봐야 한다. 먼저, 내용이라는 측면에서는 상대에게 신뢰를 줄 수 있는 내용을 담아야 한다.

이 부분은 앞에서 이미 많은 언급을 했다. 그리고 또 하나의 중요한 측면이 있는데, 하지 말아야 할 말을 안 하게 하는 것이다. 이는 매우 중요하다. 그래서 잘 짜여진 스크립트는 매우 심플하며 불필요한 실수를 안 하게 만드는 영리한 프로세스로 이루어져있다.

특히, 우리가 만들려는 오프닝 스크립트는 한번 잘 구조를 만들어

놓을 경우 가망고객의 정보만 바꾸어 가면서 매우 편리하게 활용할 수가 있다. 다음으로는 전달에 관한 것이다.

어떤 사람은 스크립트가 입에 잘 붙지 않는다고 싫어하기도 한다. 그냥 말을 하면 자연스러운데 대본이라 생각하고 리딩을 하는 순간 자신의 말이 바보처럼 들리더라는 것이다.

이렇게 들리는 이유는 자신의 호흡에 맞게 스크립트를 교정하지 않았거나 충분한 연습이 따르지 않았기 때문이다. 스크립트 자체는 결코 콜드콜러를 바보로 만들지 않는다.

충실하지 못한 내용의 스크립트가 신통치 않게 전달되었을 때 바보처럼 들리게 되는 것이다. 배우들이 영화에서 그리고 음악 연주가들이 공연장에서 종종 애드립(즉흥 연기나 연주)을 하는 걸 볼 수 있다. 그것이 가능한 이유는 철저한 암기와 연습에서 비롯된다.

스티브 잡스가 프레젠테이션의 달인이라 불릴 수 있었던 것도 발표할 내용에 대한 암기와 수많은 리허설 때문이었다.

아무리 좋은 내용의 스크립트라 할지 라도 전달이 제대로 안 된다면 헛수고가 되고 만다. 그래서 효과적인 전달의 기본인 암기와 연습은 아무리 강조해도 지나치지가 않다.

• 단계별 스마트 오프닝 스크립트 작성하기

그럼 지금부터 가망고객을 긍정적 · 수용적 상태로 이동시키고 질문 단계로 이동시켜 반응을 유도하는 스마트한 오프닝 스크립트를 작성해 보도록 한다.

1. 인사 · 자기소개

기본 "안녕하세요? 저는_____에 근무하는 _____입니다. "

응용1 "안녕하세요~ _____부장님? 저는_____에 근무하는 _____입니다."

응용2 "안녕하세요? 저는 국내 1위 _____전문기업 _____기획운영팀장 _____입니다.

저희의 주요 고객은 _____등을 포함 _____여 개사이며 중국지사 포함 올해 저희 회사의 예상 매출은_____억 정도입니다."

> **핵심** 전문가답게 말하는 '안녕하세요'는 다른 어떤 표현보다도 단순하지만 강력하다.
> 브랜딩이 되어 있지 않은 회사의 경우 회사의 자산이 될 만한 지표들을 모두 찾아 응용 2와 같은 구조로 이야기를 전개한다.

2. 고객 맞춤형 멘트

기본 "최근 귀사와 관련된 _____정보를(기사를, 자료를, 홈페이지에서) 접하고 깊은 인상을 받았습니다."

(응용1) "최근 귀사가 달성한 _____ 기사를 접하였습니다. 먼저 축하의 말씀을 드립니다."

(응용2) "저는 귀사가 _____ 분야에서 이룩해 오신 수많은 성공사례를 보고 깊은 인상을 받았습니다. 정말 대단하세요."

(응용3) "얼마 전 귀사의 _____ 와 _____ 에 대해서 이야기를 나눌 수 있었습니다."

(응용4) "저는 최근 코엑스에서 개최된 _____ 페어에서 귀사의 탁월한 _____ 솔루션을 접하고 깊은 인상을 받았습니다."

> **핵심** 고객의 현재 상황과 관련하여 조사한 내용을 바탕으로 호감 신호를 불어 넣는다.
>
> 이와 같은 접근은 전형적인 콜드콜러들과 확연한 차별화를 가져다준다. 관점을 가망고객으로 옮겨 시작하는 것이 핵심이다. 사전 조사는 필수이다.

3. 구체적인 가치 더하기

기본 "저희는 _____ 분야에서 지난 ___ 동안 전문성을 인정받아 관련 고객사분들에게 만족스런 _____ 서비스를 제공해 왔습니다."

(응용1) "참고로, 저희 고객 중 (경쟁사)기업의 경우엔 지난 10년 동

안 저희 서비스를 꾸준히 이용해 오셨는데요. 이와 관련 저희와 함께 일한 후 평균 30% 이상의 성과를 이룬 고객사들의 성공사례를 알려드리면 도움이 되실 수 있을 것 같아 이렇게 전화를 드리게 되었습니다."

(응용 2) "참고로, 귀사의 ＿＿＿관련 현황을 점검(분석)해보니＿＿＿＿ 점에서 저희가 가진 서비스(또는 솔루션)로 ＿＿＿＿도움을 드릴 수 있을 것 같아 이렇게 전화를 드리게 되었습니다."

(응용 3) "저희는 귀사와 관련한 동종업계에서 지난 ＿＿＿동안 꾸준히＿＿＿ 서비스를 제공해 왔습니다. 이에 저희와 함께 일한 후 평균 30% 이상의 ＿＿＿성과를 이룬 고객사들의 성공사례를 알려드리면 도움이 되실 수 있을 것 같아 이렇게 전화를 드리게 되었습니다.

핵심 우리의＿＿＿분야의 전문성으로 귀사를 도울 수 있다" 라는 틀 속에 해당 가망고객에게 특화된 가치를 제공한다. 우리는 앞에서 이 부분을 진지하게 다루었다.

4. 질문 단계로 이동하여 반응 유도하기

기본 "저희가 보유한 서비스가(솔루션이) 귀사의 사업을 도울 수 있는지 몇 가지 질문을 드리고 싶습니다."

(응용 1) "괜찮으시다면 적절한 날을 정해 저희가 보유한 서비스가(솔

루션이) 귀사의 사업을 제대로 도울 수 있는지 몇 가지 질문을 (데)드리고 싶습니다."

(응용2) "괜찮으시다면, 적절한 날을 정해 저희가 보유한 솔루션이 귀사에도 도움이 될 수 몇 가지 진단을 통해 알아보고 싶습니다.

(응용3) "저희가 지금까지 거래해 온 220여 개사의 성공사례를 바탕으로 저희가 제공하는 서비스가 귀사에 도움이 될 수 있는지 여부를 몇 가지 질문을 통해 확인하고 싶습니다."

(응용4) "괜찮으시다면 저희의 서비스가 귀사의 사업에 고려할 만한 가치가 있는지를 몇 가 지 질문들을 통해 알아보고 싶습니다. "다음 주 수요일 3시경 어떠신지요?"

 질문 형식을 통해 더 많은 가치 제공을 암시한다. 직접적인 약속 요구보다는 또 다른 진단 확인이 필요하다는 진지함을 주는 것이 핵심임. 질문 형식 멘트 이후 침묵하고 2~3초 정도 기다린다.

그동안 여러분들께서 사용해 오셨던 방식과 차이가 느껴지시나요? 필자가 제시한 스크립트의 특징을 세 가지로 요약하면 첫째, 관심 멘트, 둘째, 가치 제안, 셋째, 질문 형식입니다.

많은 콜드콜러들은 아직도 자신의 입장에서 무엇인가를 열심히 설명하려고만 합니다. 마치 유능한 세일즈맨이라도 된 것만 같습니다.

하지만, 지금부터는 관점을 상대에게 돌리시기 바랍니다. 전화를 건 후 단 10초 안에 주의를 끌 수 있는 최고의 방법은 그들의 관심사를 먼저 언급하는 것입니다.

단, 5분 정도만 시간을 할애해도 단서가 될만한 정보를 구할 수 있습니다. 그리고나서, 가망고객의 예측 가능한 고민거리들이 여러분이 보유한 전문성과 연결될 수 있음을 타사의 성공사례 등을 통해 이야기하듯 전달하십시오.

마지막으로는 추가적인 질문 형식을 통해 여러분의 솔루션이 가망고객에게 도움이 될 수 있을지 없을지에 대해 좀 더 확인해보고 싶다고만 말하십시오. 섣부르지 않으면서도 조심스러워하는 여러분의 질문은 가망고객의 마음속에 '이 사람 만나서 더 이야기를 들어 보고 싶다' 라는 신뢰감과 욕구를 불러일으키게 되고, 경우에 따라 약속날짜를 먼저 제시해 줄 수도 있을 것입니다.

여러분께서는 이 스마트 오프닝 스크립트를 따로 적어 두시거나 암기를 하시면 좋습니다. 이 스크립트의 장점은 고객에게 어떠한 설득을 강요하지 않으면서도 자연스럽게 대화를 유도해 나아갈 수 있다는 점입니다. 많은 세일즈맨들이 오늘도 천편일률적인 방법으로 가망고객의 문을 노크합니다. 이때, 여러분께서는 차별화되고 스마트한 접근방식을 통해 빛을 발할 수 있습니다. 약속을 잡기 위해서는 약속

잡기에 연연해서는 안 됩니다.

가망고객에 대한 조사를 바탕으로 여러분만이 제안할 수 있는 가치를 제시해드린 스크립트 틀에 맞게 잘 녹여 내십시오. 그리고, 변화하는 현장 상황에 맞게 늘 교정하시고 다듬어 가시길 바랍니다.

• 완성형 스크립트 예문

(응용1) 안녕하세요, 저는 국내 1위 아웃소싱 마케팅 대행 전문기업 ABC에서 총괄 운영을 담당하고 있는 OOO입니다. 지난여름 OO전문지 특집 편에 기고된 귀사의 2019년도 마케팅 전략 편을 보고 깊은 인상을 받았습니다.

그리고 해당 내용을 토대로 귀사에 도움이 될 만한 저희들의 성공사례들을 쭉 검토해 보았는데요.. 참고로 저희는 귀사와 동종업계에 있는 ABC나 XYZ 사를 포함, 약 200여 개사에 지난 10년 동안 마케팅 대행 서비스를 성공적으로 수행해 왔습니다.

특별히, ABC 사의 경우는 최근 3년 동안 평균 50% 이상의 마케팅 성장률을 달성하였습니다. 괜찮으시다면, 저희가 보유한 마케팅 솔루션이 귀사의 2019년 사업 성장에 도움이 될 수 있는지에 대해 몇 가지 질문을 드리고 싶습니다.

(응용2) 안녕하세요, 저는 인재관리 전문 컨설팅기업 OOO에 근무하

는 OOO이라고 합니다. 얼마 전 귀사 홈페이지에 포스팅 된 인력채용 공고를 보고 담당자이신 OOO 님과 통화를 할 수 있었습니다. 말씀을 들어보니 해당 분야의 적합한 후보군을 찾으시고 관리하시는 데 많은 어려움이 있으시다는 것을 알게 되었습니다.

저희는 특별히 유능한 인력 채용 이후 이직을 감소시키는 솔루션 프로그램으로 특화된 기업입니다.

ABC나 XYZ 같은 저희의 고객사들은 저희들의 컨설팅을 통해 매년 120% 이상의 비용절감 효과를 누리고 계십니다.

괜찮으시다면, 적절한 날을 정해 저희가 보유한 솔루션이 귀사에도 도움이 될 수 있는지 몇 가지 진단을 통해 알아보고 싶습니다.

(응용 3) 안녕하세요, 저는 국내 1호 법인정관 리셋전문가 OOO이라고 합니다. 최근 매일경제 신문을 통해 중국 비즈니스를 강화하고 있는 귀사의 보도를 접하게 되었습니다.

특히, 귀사가 진출한 텐진 지역은 당사가 오래 전부터 관리해 드리고 있는 기업들이 많이 진출한 곳으로 당사는 해당 지역 기업 법률 문제에 관한 전문적인 노하우를 확보하고 있습니다.

특히, 주요 고객사인 ABC의 경우 중국 내 법인 정관 리셋 서비스를 정기적으로 받으신 후 복잡한 세무와 노무 리스크를 한번에 해결하여 작년에만 약 3억여 원 가까운 비용을 절감할 수 있었습니다. 괜찮으시다면 적절한 날을 통해 저희의 서비스가 귀사에도 도움이 될 수 있는지 몇 가지 (심층)질문들을 통해 확인해 보고 싶습니다.

⟮응용 4⟯ 안녕하세요, 저는 도심 빌딩관리 전문 컨설팅 업체 OOO컴퍼니 관리실장 OOO입니다.

저희는 최근 서울 도시계획국 2030 리포트를 리뷰하면서 용산구 소재 건물들에 대한 관리강화 조례를 접하게 되었습니다.

올해 있을 귀사의 용산구 소재 건물에 대한 안전 진단을 대비하여 전화를 드리게 되었는데요, 특별히 저희는 지난 10년 동안 용산구 내 30여 개 빌딩들을 관리해오면서 용산구청 관련 부서와 긴밀한 유대관계를 맺고 있어 빌딩 인허가 갱신 등에 따른 행정비용 절감에 상당한 노하우를 가지고 있습니다.

이 외에도 저희가 보유한 다양한 빌딩관리 서비스가 귀사에게도 도움이 될 수 있는지 몇 가지 질문을 통해 확인하고 싶습니다. 괜찮으시겠습니까?

⟮응용 5⟯ 안녕하세요, 저는 대한민국 신용보증기금 공식지정 자금운용사 OO컴퍼니 OOO입니다. 최근 중소벤처신문을 통해 귀사의 활약상을 접하고 전화를 드리게 되었습니다.

저희는 귀사가 현재 진행하고 계신 의료기기산업 분야에서 20년 가까이 기업 구매자금 지원을 해 온 경험과 노하우를 보유하고 있습니다. 고객사 중 벤처기업으로 시작한 ABC나 XYZ의 경우 저희의 안정적인 자금 지원 서비스를 통해 지금은 연매출 천오백억 이상의 견실한 중견기업으로 성장하기도 하였는데요,

괜찮으시다면, 적절한 날을 정해 저희의 구매 지원 서비스가 귀사의 성장 발전에 도움이 될 수 있는지 몇 가지 질문을 통해 진단해 보고 싶습니다.

(응용6) 안녕하세요, 저는 국내시장 점유율 1위 레이저 부품업체 OOO컴퍼니에 근무하는 OOO입니다. 지난달 코엑스에서 열린 2018, 대한민국 건축대전에서 귀사의 탁월한 기술력에 깊은 인상을 받았습니다.

특별히, 지방의 낙후된 기반시설을 재생하는 도시 인프라 구축 프로그램에 많은 관심을 갖게 되었는데요,

저희는 현재, 귀사와 같이 지방자치단체 인프라 사업에 참여하는 약 50여 개 기업들과 함께 일하고 있으며, 설비 구축 시 안정적인 부품 조달에 있어 타사 대비 평균 3일 조기 납기를 실현하고 있습니다.

이에 따른 물류 비용을 포함한 각종 경제효과에 많은 기업들이 만족해하고 계십니다.

이와 관련하여 저희가 거래해온 기업들과의 성공사례를 중심으로

귀사에도 만족할 만한 도움을 드릴 수 있을지에 대해 몇 가지 질문을 드려보고 싶습니다.

괜찮으시다면, 적절한 날을 정해 귀사 내 핵심 담당자들과도 함께 논의해보고 싶습니다

• 스크립트 길이에 대하여

스크립트의 길이는 어느 정도가 적당할까? 일단, 너무 길면 안 될 것 같은데, 그렇다면 적당함의 기준은 뭘까? 여기에 대해 간접적으로 참고할 만한 사례가 하나 있어 소개한다.

어느 날 필자는 페이스북에 올라온 장문의 글 한 편을 읽게 되었다. 페이스북의 특성 상 장문의 포스팅은 보통 외면을 받기 마련인데 그 글엔 수백 개의 좋아요와 댓글들이 달려 있었다.

그런데 더 놀라운 것은 글의 내용이었다. 포스팅을 한 사람의 아는 지인이 운영하는 독서실이 최근 경영난에 시달리고 있었는데 이유를 몰라 S.O.S를 친 것이다.

해당 글을 올린 사람은 직접 해당 상권을 발로 뛰며 수 일 동안 입체적인 분석을 하였고, 날카롭고 명쾌한 결론을 지어 그 글을 포스팅한 것이었다. 확실히 필자가 봐도 그 딱딱한 내용들이 전혀 지루하지가 않고 오히려 흥미진진하기까지 했다.

무엇보다 읽을 만한 가치가 느껴졌다. 결국, 해당 글은 1편으로 마무

리가 되었고, 사람들은 2편을 기대한다는 열광적인 지지와 응원의 댓글로 화답했다. 참고로 댓글들을 살펴보니 필자를 포함해서 게시자와 그리 가까운 관계가 아닌 사람들이 더 많아 보였다.

이것은 무엇을 의미하는가? 사람들은 글의 길이와는 상관없이 자신의 관심사에 해당하는 가치 있는 말과 글에 움직인다는 점이었다. 짧은 말이 미덕처럼 되어버린 오늘날 모든 것이 짧아야 한다는 것에 대한 일종의 반증이다.

물론, 전화라는 매체와 그 특성에 차이가 있음은 인정한다. 하지만 오프닝 스크립트에도 동일하게 적용될 수 있다. 핵심은 오프닝에서 얼마만큼 주의를 끄는 임팩트를 줄 수 있느냐에 달려 있다.

위에서 본 응용 스크립트들이 다소 길게 느껴지는 분들도 있을 것이다. 그렇다면 자신의 호흡에 맞게 문장 하나당 약간의 멈춤을 주면서 가는 것도 요령이 될 수 있다.

가망고객이 끼어들 수 있도록 말이다. 별다른 말이 없다면 그냥 페이스를 유지하면서 계속 나아가면 된다.

이때 고객의 침묵은 NO가 아닌 YES에 가깝다고 볼 수 있다. 들어볼 만한 정보라고 생각하기 때문에 침묵하는 것이다. 그러니, 두려워하지 마시라. 그래서 다시 한번 전달의 중요성을 강조하고 싶다. 분명한 것은 가망고객의 관심사와 부합되는 내용들을 잘 전달하게 되면, 다소 내용이 길다고 할지라도 그들은 귀를 쫑긋 세우고 들을 것이다. 하지만 그들과 관련성이 떨어지는 내용으로 초반 부터 흥미를 유발하지 못할 경우, 그것이 단 한 문장일지라도 무척 길게만 느껴질 것이다.

• 우아하게 약속 잡기

우리는 그동안 아래와 같은 방식으로 말하고 듣는데 익숙해 있었다.

"안녕하세요, 바쁘신데 연락 드려 죄송합니다.

저는 ABC 사에 근무하는 OOO이라고 합니다.

제가 지난주에 메일을 하나 보내드렸는데, 혹시 보셨나요?

아..아직 못 보셨군요. 제가 전화 드린이유는, 저희가 이번에 개발한 신제품을 소개해 드리려고 하는데요,

제게 10분 정도만 내주시면 상세히 설명해 드리도록 하겠습니다.

아, 그러시군요. 아쉽습니다. 귀사에 꼭 필요한 제품이라 보시면 무척 만족하실 겁니다.

다음 기회에 꼭 한번 찾아뵙고 인사드리겠습니다. 감사합니다."

위에서 본 바와 같이 우리가 접하는 세일즈의 표현구조는 흔히 '영업멘트' 라고 불리우면서 일방적이고 선언적이며 진부하다. 그래서 듣는이가 부담스럽고 불편한 것이다.

반면, 우리가 방금 배운 스마트 스크립트는 활용하는 용어에서부

터 차이가 있다. 상대적으로 약해 보일 수도 있는 이 표현구조들은 사실 정교하게 기획된 용어들의 조합이다.

" ~성공사례를 들려드리면, ~도움이 되실 수도~", "괜찮으시다면, ~도울 수 있는지(고려할 만한 가치가 있는지)~"와 같이 다소 애매해 보이는 이 표현 구조들을 보면 그 어떤 곳에서도 강요나 설득을 찾아볼 수 없다.

그리고 오프닝 말미에 이어지는 "~ 몇 가지 질문을 통해, ~ 확인 (진단)해 보고 싶습니다."라는 질문 형식은 단언하지 않으면서도 진지하다. 필자는 이와 같이 강요나 설득이 없는 방식을 일컬어 우아한 약속 잡기라고 이름 지어 봤다. 우아한 약속잡기는 가망고객에게 편안함과 신뢰를 주어 스스로 말하게 만드는 힘이 있다.

지금까지 우리는 오프닝 단계에서 스마트하게 접근하는 스크립트 작성법에 대해 배웠습니다. 우리가 가망고객을 상대로 스마트하게 접근하려는 이유는 그들로 하여금 스스로 말하게 하여 대화를 하기 위함입니다.

물론, 오프닝 멘트 하나만으로도 약속이 잡히는 경우도 많습니다. 그렇지만 가능하다면 대화를 많이 유도해 보시길 권해드립니다. 질 좋은 대화는 질 좋은 만남을 이끌기 때문입니다.

일단, 대화가 잘 형성되면 어떠한 것이든 가능해질 것입니다. 상황에 따라 제품이야기, 회사이야기, 심지어 개인적인 이야기까지도 할 수 있습니다. 이때부터 약속 잡기는 자연스럽게 따라오는 문제이지 더 이상 목표가 되지 않습니다. 그 어떤 시나리오도 스크립트도 필요가 없어지는 것이죠.

이렇게 자연스럽게 형성된 분위기 속에서 우리는 비로소 우아하게 약속을 잡을 수 있게 됩니다. 최고의 약속 잡기 기술은 가망고객이 먼저 약속 날짜를 제시하게끔 하는 것입니다.

여러분들도 충분히 하실 수 있습니다. 이것을 달성 목표로 한다면 콜드콜링이 게임처럼 무척 재미있게 느껴질 것입니다.

가망고객의 초기 저항 적절하게 다루기

이제 여러분께서는 오프닝만 스마트하게 잘해도 약속 잡기 성공률이 높아져가는 것을 체감하게 될 것입니다.

실제, 필자의 경험으로도 그랬습니다. 그만큼 오프닝은 전체 약속 잡기 성패에 가장 큰 비중을 차지 한다고 할 수 있습니다.

그리고 또 하나. 여러분께서는 오프닝 이후 이러한 질문들을 자주 마주하게 됩니다. "괜찮습니다.", "관심 없는데요, 지금 만족해요" 필자도 예전에는 이러한 가망고객의 저항 앞에 제대로 대꾸 한번 못하고 물러선 적이 많았습니다. 그런데, 알고 보면 이러한 저항은 자연스러운 것입니다.

오히려 저항 없이 너무 순조롭게 약속이 잡힐 경우, 약속의 질이 떨어지는 경향이 있습니다. 반대로 적절한 저항을 극복하고 난 후 잡게 되는 약속은 대체적으로 고객의 관심도가 더 높아 좋은 결과로 이어질 확률이 높습니다.

말씀드리고 싶은 것은 이제 더 이상 고객의 초기 저항에 대해 뒷걸음질 치기만 해서는 안된다는 점입니다. 고객의 저항에는 기본적인 패턴들이 있는데, 이 패턴들만 미리 숙지하고 연습하면 누구나 적절하게 대응할 수 있기 때문입니다.

겁먹지 마십시오, 사실, 콜드콜링에서 고객의 저항을 극복하고 약속으로 연결되는 확률은 오프닝을 통한 약속 대비 현저하게 떨어집니다.

그렇다면 왜 우리는 고객의 저항을 적절하게 다루어야만 할까요? 피곤하게 대응하지 말고 그냥 다음 고객을 찾아 나서면 안 되는 걸까요?

첫째는, 적은 노력으로 약속의 기회를 살려낼 수도 있기 때문입니다. 비록 확률은 떨어져도 불씨는 여전히 남아 있으니까요. 필자가 좋아하는 말이 있습니다. "아무것도 하지 않으면 아무 일도 일어나지 않는다." 작은 노력 하나를 더 한다고 해서 여러분이 잃을 건 없습니다.

두 번째가 더 중요합니다. 우리는 앞서 프로스펙팅의 개념을 다루면서 적합한 고객과 부적합한 고객을 선별하는 고객 DB에 대해 배웠는데요, 고객의 저항을 극복하는 과정을 통해 이를 한층 더 발전시켜 나아갈 수 있게 됩니다. 많은 고객의 저항이나 거절의 이유들을 살펴보면 거의 대부분이 습관적으로 반응하는 경우가 많습니다.

이는 곧, 그들 스스로도 자신들의 필요를 잘 인식하지 못한다는 것을 의미합니다. 그렇기 때문에 콜드콜러는 이와 같은 반사적인 가망고객들의 반응들을 잘 분별하고 대응함으로써 주어진 영업기회들을 다시 한번 살려 나아갈 수 있어야 합니다.

• 공감하면서 패턴 깨기

위에서 언급한 대로 가망고객들은 일정한 패턴을 가지고 저항을 한다. 의도되었다기보다는 관성에 가깝다. 그런데 보통 초보 콜드콜러들은 이러한 패턴에 매우 취약하다.

> **가망고객** 관심 없는데요.
>
> **초보 C.C** 관심이 없으세요? 그렇지만 저의 제안을 들어보시면
> 흥미로우실 것입니다.
>
> **가망고객** 좀 바쁜데요.
>
> **초보 C.C** 많이 바쁘세요? 저도 그런데요. 잠시만 시간을 내어주실
> 수는 없을까요?

이와 같이 초보 콜드콜러들은 가망고객의 전형적인 부정적 패턴에 금방 동조를 하고 만다. 동조가 되는 순간 대화의 주도권이 가망고객에게 넘어가면서 더욱더 옹색한 국면으로 빠져들게 되고 결국, 가망고객은 전화를 끊고 만다. 핵심은 이 패턴을 깨주는 데 있다. 예를 들

면 아래와 같다.

가망고객 관심 없는데요

콜드콜러 아..그러시군요, 그런데 지난달 리더십 교육은 어느 업체
에서 진행하셨나요?

가망고객 저희는 이미 계약했어요.

콜드콜러 아..그러시군요, 그렇다면 업체 재계약 시점은 언제가 되
나요?

먼저, 패턴 깨기에서 중요한 키 포인트는 공감의 표현과 목소리 톤
이다. "아 그러시군요.." 혹은 "아..네"와 같은 표현을 다소 놀란 듯이
그리고 실망스러운 듯한 감정을 실어 공감을 표현한다.

최대한 부드럽게 공격적으로 느끼지 않게 하는 것이 목표이다. 이
어, 현재 가망고객의 부정적 패턴을 다른 주제의 질문을 통해 상황을
반전시킨다. 이때, 여러분의 우려를 안다.

그럼 가망고객이 이렇게 나오면 어떡하나요? "저기요, 방금 관심
이 없다고 말씀 드렸잖아요?" 실제로 해보면 이렇게까지 반응하는 경
우는 드물다.

그럴 필요도 없지만 만일 사과가 필요하다면 그때 가서 하면 그만

이다. 그래서 목소리 톤이 중요하다고 강조한 것이다. 공손하고 정말로 아쉬워하는 사람에게 매몰차게 대하기란 쉽지 않다. 어떻든, 우리는 가망고객에게 아주 부드럽게 다가감으로써 그들의 마음을 열고 방어막을 제거하는 데 주력한다.

대표적인 기본 저항 4가지

1. 괜찮습니다. 지금에 만족합니다.

2. 관심 없습니다.

3. 지금 좀 바쁜데요.

4. 자료 먼저 보내주시겠어요?

실제 콜드콜링 시 가장 많이 접하게 되는 저항이다. 지금부터 각각의 저항들을 어떻게 적절하게 다루는지 살펴보도록 하자.

1. 괜찮습니다. 지금에 만족합니다.

기본 대응

"아 그러시군요(That' s great) 지금 저희와 거래하고 있는 고객사 분들께서도 처음엔 그렇게 말씀하셨습니다."

1) "그런데 지금은 저희 _____서비스(프로그램, 솔루션)로 인해 매출 상승과 비용절감 측면에서 무척 만족해하고 있습니다. 이와 관련, 저희 서비스에 대해 꼭 한번 브리핑을 받아보시기 바랍니다. 혹시, 다음 주 금요일 3시쯤 어떠신지요?"

2) "그런데, 지금은 저희와 거래하지 않았더라면 후회할 뻔했다고 말씀하십니다. 이와 관련, 저희 서비스에 대해 꼭 한번 브리핑을 받아보시기 바랍니다. 혹시, 다음 주 금요일 3시쯤 어떠신지요?"

3) "그런데, 지금은 저희 _____솔루션을 도입 후, _____같은 기업은 40% 이상의 매출성장을 달성했습니다. 이와 관련, 저희 서비스에 대해 꼭 한번 브리핑을 받아보시기 바랍니다. 혹시, 다음 주 금요일 3시쯤 어떠신지요?"

- "아 그러시군요~처음엔 ~" (맞장구 효과)
- "다른 고객사분들께서도 ~" (반전 효과)
- "그런데~지금은" 형식을 이용(생각전환 효과)

오프닝 때와 달리 고객의 저항을 받았을 때에는 보다 적극적인 약속 잡기 공세를 펼쳐야 한다. 대체적으로 가망고객은 현재 하던 일을 방해받은 상태로서 집중력이 떨어져 있고 현재 수준에 만족해하는 경우가 많다. 엄밀히 말하면 부족한 부분을 잘 못 느낀다.

가망고객에게 동조하지 말고 패턴을 깨 주면서 서서히 대화의 물꼬를 터주는 방향으로 전개한다. 다양한 응용 표현이 가능하다.

"아 그러시군요, 지금 저희와 거래하고 있는 고객사 분들께서도 처음엔 그렇게 말씀하셨습니다.

저희가 제공하는 다양한 교육과 정보를 받아 보시다가 현재 거래하는 곳에 문제가 생겨서 연락을 주시기도 합니다. 저희가 제공하는 세미나나 관련 보고서를 받아보실 의향이 있으십니까?"

만일, 가망고객이 이를 수용한다면, 질문을 통해 대화를 이어간다.(이메일도 확보)

"감사합니다. 귀사 상황에 맞는 맞춤화된 정보를 드리기 위해 몇 가지 질문을 드려도 괜찮으시겠습니까?"

기업 입장에서는 공급업체를 단독으로만 운영할 경우 위험에 노출되기 쉽다. 유사시 대체할 업체를 확보하고 있으라는 메시지를 주게 되면 수용할 확률이 높다. 노련한 콜드콜러는 아래의 추가적인 질문도 이어갈 수 있다.

"현재 수준에서 어떤 부분이(서비스, 상품, 기타)개선된다면 더욱 만족하실 수 있을까요?"

"현재 받으시는 서비스(또는 거래처)에 변화가 필요하실 경우 저희가 참여할 수도 있을까요?"

"답변해 주셔서 감사합니다. 현재 거래하시는 곳에 대한 업체 평가나 계약 갱신이 언제쯤(혹은, 어떻게) 이루어지는지 알 수 있을까요?"

만일, 이러한 질문에 가망고객이 답변하기 시작했다면, 2차 벤더로서의 역할에 참여하고 싶다는 의사를 밝혀라. 그리고, 수시로 관련 정보들을 이메일로 보내라. 끝까지 공손함을 잃지 않는 여러분의 태도에 언젠가 가망고객은 잊지 않고 연락을 줄 것이다.

2. 관심 없습니다.

기본 대응

"아 그러시군요(I see), 많은 분들이 처음엔 팀장님처럼(선생님처럼) 같은 말씀들을 주셨습니다. "

1) "그런데, 지금은 저희와 함께하는 기업들 대부분이 저희 서비스

(프로그램, 솔루션)로 인해 많은 이익을 창출하고 계십니다. 이와 관련, 저희 서비스에 대해 꼭 한번 브리핑을 받아보시기 바랍니다. 혹시, 다음 주 금요일 3시쯤 어떠신지요?"

2) "그런데, 지금은 저희 서비스를 도입하는 대부분의 기업들이 무척 만족해하고 계십니다. 이와 관련, 저희 서비스에 대해 꼭 한번 브리핑을 받아보시기 바랍니다. 혹시, 다음 주 금요일 3시쯤 어떠신지요?"

- "아 그러시군요~처음엔 ~"(맞장구 효과)
- "많은 분들이~" 형식을 이용(반전 효과)
- "그런데 ~ 지금은" 형식을 이용(생각전환 효과)

관심이 없는 고객에게는 담백하게 맞장구를 쳐주는 게 좋다. 오버하지 않도록 주의한다. 세일즈의 중요한 역할은 관심없는 고객으로 하여금 관심을 유도하는 것이다. 특히, 기업고객의 경우 연간 구매계획이라는 틀 속에서 계획적으로 예산이 집행되는 경우가 많다. 처음부터 두 팔 벌려 환영해 주는 가망고객은 없으므로 관심이 없다는 저항에 당황해하지 말라. 만일, 관심이 없다는 정도가 미온적으로 느껴진다면 이렇게 물어보라.

"지금 당장 관심이 없으신 건가요? 아니면 앞으로도 그렇다는 건가요?"

가망고객이 잠재적인 가능성을 가지고 있다면 의외의 대화가 전개될 수도 있다.

3. 지금 좀 바쁜데요

"아 그러시군요(I'm sorry that), 제가 전화드린 이유는 미팅날짜를 잡고 브리핑을 해 드리기 위함입니다 (P) 혹시, 다음 주 금요일은 어떠신지요?"

＊이때, 고객은 진실을 말한다 "사실은…○○때문에…여력이 없습니다"
다시 반복구문으로 돌아간다.

"아 그러시군요(I see) 많은 분들이 처음엔 팀장님처럼(선생님처럼) 같은 말씀들을 주셨습니다.

그런데, 지금은 저희와 함께하는 기업들 대부분이 저희 서비스(프로그램, 솔루션)로 인해 많은 이익을 창출하고 계십니다. 이와 관련, 저희 서비스에 대해 꼭 한번 브리핑을 받아보시기 바랍니다. 혹시, 다음 주 금요일 3시쯤 어떠신지요?"

- "아 그러시군요~"(맞장구 효과)
- "제가 전화드린 이유는~"(반전 효과)

실제 바쁠 수도 아닐 수도 있다. 바쁘다고 하는 말은 거의 습관적인 경우가 많으므로 무시해도 좋다. 여기서 중요한 것은 고객의 확실한 거절(진실)을 확인할 때까지 물러서지 않는 것이다.

효과를 극대화하기 위해 안타깝고 아쉬운 감정을 최대한 살려 공감을 표현해 준다.

그리고 나서 전화한 목적을 똑 부러지게 전달하는 것이다. 즉, '방해하려고 전화한 것이 아닌 브리핑을 위한 약속 잡기'라는 의도를 밝혀준 후 잠시 침묵(P: Pause)한다.

이어 약속 잡기를 시도한다. 여지가 보인다면 나중에 후속 전화를 기대하는 질문으로 마무리한다.

"OO 님께서 시간이 되실 때 귀사에 대해 알 수 있는 충분한 대화를 할 수 있다면 좋겠습니다. 가능할까요?"

4. 자료 먼저 보내주시겠어요?

기본 대응

"미팅은 어려우신가요? 사실은 저희 고객사들의 비하인드 성공전략 등을 설명해 드리기 위해선 브리핑이 제일 효과적이기 때문입니다. 브리핑은 15분에서 20분이면 충분합니다."(P)

＊이때, 고객은 말한다. "일단, 자료를 먼저 보고 난 후 연락을 드리겠습니다."
자료를 보내주고 난 후 3-4일 안에 연락이 없으면 후속 전화를 시도한다.
고객이 진실을 말한다. "사실은 OOO해서 미팅하기가 어렵습니다."
다시 반복 구문으로 돌아간다.

"아 그러시군요(I see), 많은 분들이 처음엔 팀장님처럼(선생님처럼) 같은 말씀들을 주셨습니다.

그런데, 지금은 저희와 함께하는 기업들 대부분이 저희 서비스(프로그램, 솔루션)로 인해 많은 이익을 창출하고 계십니다. 이와 관련, 저희 서비스에 대해 꼭 한번 브리핑을 받아보시기 바랍니다. 혹시, 다음 주 금요일 3시쯤 어떠신지요?"

- "미팅은 어려우신가요?"(되묻기, 상황전환 효과)
- "사실은~ 위해선~"(주의집중 효과)

하나의 공식처럼 외우는 게 좋다. 단도직입적으로 되묻는 것이다. 단순히 자료를 전하기 위한 목적이 아님을 확실하게 전한다. 15분 전략은 고전적이지만 지금도 유효한 전략이다. 15분은 심리적으로 부담이 없다.

그리고, 현장에서 대화가 잘 통하면 30분, 1시간도 할 수 있다. 반면, 30분 이상이거나 아예 시간 언급을 안 하면 가망고객은 1시간 전후를 생각하며 뒷걸음질친다. 침묵하고 기다린다.

그럼에도 저항을 하면 마무리한다.

첫 번째 저항(거절)은 문제가 되지 않는다. 중요한 건 두 번째 저항을 확인하고 마무리하는 것이다. 상황에 따라 세련되게 질문을 할 수도 있다.

"자료를 보내 드릴 수 있어 기쁘게 생각합니다. 그래서 여쭤보고자 하는데요, 귀사 상황에 맞는 자료를 보내 드리기 위해 몇 가지 질문을 드려도 되겠습니까?"

진지한 저항을 돌파하는 디딤돌 기술

Level 1. 지금 저희에게 필요하진 않은 것 같은데요.

Level 2. 우리는 아웃소싱은 안 합니다. 자체적으로 해요.

Level 3. 결정적으로 저희가 예산이 없습니다.

Level 4. 다른 회사와 얼마 전 계약했습니다.

앞에서 우린 대표적인 저항 4가지를 살펴봤다. 이를 레벨 1로 본다.

그리고, 이를 Level 4까지 분류하고 대표적인 표현을 선정했다. 평소 같으면 이러한 저항에 대해 그저 무기력하게 포기하고 말았을 것이다. 대응을 했더라도 여유가 없어 횡설수설했을 수도 있다.

확률로 보면 진지한 저항의 4단계를 돌파한다는 것은 쉬운 일이 아니다.

하지만 간단한 디딤돌 기술 하나로 돌파구를 마련할 수 있다. 가망 고객의 진지한 저항 수준까지 대응할 수 있다면 매우 수준 높은 기량을 갖게 되는 것이다.

기본저항 4가지가 작은 불씨를 살리는 수준이었다면, 이번에 거의 심폐소생술급이라고 할 수 있다.

Level 1. **지금 저희에게 필요하진 않은 것 같은데요.**

"아 그러시군요…A 사나 B 사와 같은 저희의 고객사들도 처음엔 그렇게 말씀하셨습니다.

그런데 지금은 그때 저희들을 만나길 정말 잘했다고 하십니다.

저희가 직접 브리핑을 해드리려는 이유입니다.

담당자님을 포함 부서장님을 모시고 브리핑을 하고 싶습니다.

다음 주 화요일 3시쯤 어떠신지요?"

- 여기서 NO하면 : 네 알겠습니다~ 다음에~ (마무리)
- 침묵하면 : 기다린다.
- 제3자 인용 보증 전략을 디딤돌 삼아 상황을 전환한다.

복습차원에서 가볍게 레벨 1을 점검한다.

제3자 인용 보증 전략은 구체적으로 동종업계의 경쟁사명을 언급해 줄 때 가망고객의 관심을 극대화할 수 있는 디딤돌 기술이 된다.

그럼, 레벨 2부터 본격적인 디딤돌 기술의 활용을 살펴보자.

Level 2. 우리는 아웃소싱은 안 합니다. 자체적으로 해요.

S : "아 그러시군요, 궁금한 게 있는데요, 자체적으로 하시는 데 있어서 애로사항은 없으세요?"

C : "아뇨, 저희는 전통적으로 선임들이 후임들을 훈련시키는 방식이라 필요 없을 것 같습니다"

S : "아 그러시군요⋯_____나 ___과 같은 저희의 고객사들도 처음엔 그렇게 말씀하셨습니다.

그런데 지금은 그때 저희들을 만나길 정말 잘했다고 하십니다.

저희가 직접 브리핑을 해드리려는 이유입니다.

담당자님을 포함 부서장님을 모시고 브리핑을 하고 싶습니다.

다음 주 화요일 3시쯤 어떠신지요?"

- 디딤돌 질문 : "궁금한 게 있는데요 + 질문"(저항감 줄임)
- 디딤돌 질문은 상황 전환을 위한 일종의 미끼 질문.
- 질문 요령은 고객의 반응에서 핵심 사항을 되묻는다.

가망고객의 저항이 단순한 패턴 깨기로 극복이 어려울 경우 상황을 전환하기 위한 디딤돌 질문 형식을 활용한다.

"궁금한 게 있는데요"는 가망고객이 거부감을 갖지 않게 하면서도 다음 질문을 연결하는 탁월한 멘트가 된다.

연이은 질문의 요령은 가망고객이 방금 전 말한 멘트에서 핵심 구문을 그대로 이어받아 질문으로 전환만 하면 된다.

일종의 따라 하기다. "~자체적으로 해요"를 "자체적으로 하시는데 있어서 애로사항은 없으세요?"등으로 말꼬리를 잡아가듯 하면 그리 어렵지 않게 질문을 던질 수 있다.

이 디딤돌 질문의 목적은 상황을 전환하기 위한 미끼 질문이며, 앞서 우리가 지속적으로 반복해 왔던 "아 그러시군요~다음 주 화요일 3시쯤 어떠신지요?" 구문으로 유도하기 위함이다.

레벨 3, 4를 연달아 보면 금세 익숙해질 것이다.

Level 3. **결정적으로 저희가 예산이 없습니다.**

S : "아 그러시군요…궁금한 게 있는데요,…그렇다면 내년 예산이 집행이 된다면 논의해 보실 수도 있는 건가요?"

C : "아뇨, 현재 상황만 놓고 보면 쉽지 않아 보입니다."

S : "아 그러시군요…____나 ____ 같은 저희의 고객사들도 처음엔 그렇게 말씀하셨습니다.

그런데 지금은 그때 저희들을 만나길 정말 잘했다고 하십니다.

저희가 직접 브리핑을 해 드리려는 이유입니다.

담당자님을 포함 부서장님을 모시고 브리핑을 하고 싶습니다.

다음 주 화요일 3시쯤 어떠신지요?"

Level 4. 다른 회사와 얼마 전 계약했습니다.

S : "아 그러시군요…궁금한 게 있는데요,…그렇다면 혹시 계약

하신 업체가 X사 인가요?"

C : "아뇨, Y입니다."

S : "아 그러시군요…____나____ 같은 저희의 고객사들도 나중엔

저희 업체를 선택하셨습니다."

그런데 지금은 그때 저희들을 만나 보길 정말 잘했다고 하십니다.

저희가 직접 브리핑을 해드리려는 이유입니다.

담당자님을 포함 부서장님을 모시고 브리핑을 하고 싶습니다.

다음 주 화요일 3시쯤 어떠신지요?"

이상으로, 오프닝 이후 발생되는 여러 형태의 저항에 대해 알아보

았습니다.

상기의 8가지 저항만 잘 대처해도 여러분의 약속 잡기 성공률과 고객 DB의 질은 상당히 높아질 것입니다.

올바른 방법을 배우고, 연습하여 실전에서 부딪혀 강화하면 되는 것입니다.

반드시 여러분의 현장 상황에 맞게 교정하고 다듬어서 잘 활용하시기 바랍니다. 이제는 두려워할 이유가 없습니다.

실패가 없는 프로스펙팅의 세계에 발을 들이셨기 때문입니다.

이 안에서 부적합한 고객을 선별하고 고객의 진의를 알아낸 것만으로도 이미 실패가 없는 콜드콜링을 하게 된 것임을 잊지 마시기 바랍니다.

알아두면 유용한 스마트한 질문들

세일즈는 질문하는 비즈니스입니다. 질문은 상대의 생각을 일으키고 말하게 하며 대화로 이끄는 최고의 기술이자 전략이 됩니다.

오프닝을 마무리하면서 여러분은 질문을 통해 두 가지의 목표를 이미 달성했습니다. 하나는 가망고객의 마음을 긍정적이고 수용적으로 만들었다는 것이고, 나머지 하나는 말하게 만들었다는 것입니다.

가망고객의 마음이 열리고 목소리에 관심이 묻어남을 느끼는 순간 콜드콜러는 본능적으로 이를 감지 하고 자신감을 갖게 됩니다.

이쯤 되면, 세일즈맨들은 평상시처럼 자신의 모습으로 돌아와 자연스럽게 대화를 이끌고 약속을 잡게 됩니다. 사실상 여기서부터는 별다른 기술이나 프로세스가 필요하진 않습니다.

하지만, 물가까지 가망고객을 잘 인도했어도 정작 물을 떠 먹이질 못해 안절부절 못하는 사람도 있습니다. 이때에는 그저 갈증이 나 도록만 하면 됩니다. 어떻게요? 역시 질문입니다. 평상시에 유용한 질문들을 미리 준비하고 활용하면 됩니다.

이와는 반대로 가망고객으로부터 질문을 받는 경우가 있습니다. 이때에는 상품이나 솔루션 특히, 가격 등에 대해 너무 상세하게 답변하지 마십시오. 지금은 프레젠테이션을 할 시간이 아니라 약속을 잡아야 하는 시간임을 잊지 말고, 아래의 기준에 부합하는 유용한 질문들을 만들어 활용하시길 바랍니다.

- 가망고객의 상황을 더 이해하는 데 도움 되는 항목 즉, 그들의 필요, 문제점, 고통, 원하는 사항들이 포함 될 것.
- 그들의 필요, 문제점, 고통, 원하는 것들이 느껴지고, 보여지고 인식될 수 있도록 할 것.

이해를 돕기 위해 우리가 하는 질문들 중 주의해서 사용해야 할 표현들을 살펴보겠습니다.

"현재 업체에 만족하시나요?"
"저희가 도울만한 것들이 있을까요?"
"어떤 문제점들이 있으신가요?"
"어떤 것이 필요하세요?"

등과 같은 질문들을 처음부터 단도직입적으로 하게 될 경우 가망고객에게 부담을 줄 수가 있음을 알아야합니다.

만족, 필요, 문제점 같은 단어들 자체가 모호한 특성을 갖고 있기에 갑자기 많은 생각을 해야 하고 순간 머릿속이 복잡해질 수 있기 때문입니다. 인내심이 부족한 사람은 짜증 섞인 말투로 변하면서 전화를 마무리하려고 할 수도 있습니다.

좀 더 생각해보면, 그들이 즉시 답변할 수 있을 만큼 문제점이 드러나있고, 불만족스러운 사항이라면 지금까지 어떠한 조치를 취하고 있을 가능성이 큽니다. 그렇다고 이들이 해결해야 할 문제점들이나 지금 상황에 불만족스러운 사항이 없다는 의미는 결코 아닙니다.

단지, 이 짧은 통화 시간에 답변하기엔 주어진 질문들의 범위가 너무 넓다는 것입니다. 이때 여러분이 해야 할 질문의 요령은 추정이 가능한 사항을 보다 구체적으로 요약하는 것입니다.

예를 들어, 여러분이 화물업을 하고 있는 가망고객의 기존 거래선의 윈백을 고려 (Winback : 경쟁자의 사업권을 빼앗아 오는 것) 할 경우 '운송' 에 관한 이슈를 제기할 수 있을 것입니다.

"귀사의 서울–부산 간 화물 운송량을 현재의 조건에서 1.5배 향상시킬 수 있는 방안이 있다면 브리핑을 받아보실 의향이 있으십니까?" 부품 업체의 경우라면 "부품 공급이 원활하지 못하여 생산라인이 멈출 경우 귀사의 플랜B는 어떻게 되시나요?" 와 같은 질문이 가망고객의 머릿속에 실제 일어날 수도 있는 상황을 그려 줌으로써 보다 구체적으로 대화 분위기를 이끌어 갈 수 있게 되는 것입니다.

이러한 이슈 제시 형태의 질문은 냉담했던 가망고객의 주의를 끌어 당기는 효과가 있습니다.

우리는 이제 앞에서도 언급했듯이 '짧은 문장은 좋고, 긴 문장은 무조건 나쁘다' 라는 편견으로부터 벗어나 보다 세련되게 질문을 할 필요가 있습니다.

예제 1

일반 예 "현재 집행하시는 광고물에 만족하십니까?"

좋은 예 "기대하시는 것만큼 광고효과가 안 나오고 비용 집행이 우려가 되는 경우는 없으셨나요?"

예제 2

일반 예 "고급 인력에 대한 관리는 주로 어떻게 이루어지나요?"

좋은 예 "고급인력 채용 이후, 이직 방지를 위한 별도 프로그램을 어떻게 운영하시는지 말씀해주 실 수 있나요?"

예제 3

일반 예 "귀사의 서버 시스템에 특별한 문제는 없습니까?"

(좋은 예) "서버 시스템 오류로 인한 문제 중 가장 치명적인 사례들이 있었다면 말씀해 주실 수 있겠습니까?"

(예제 4) 제 3자 인용 보증 형식을 통한 질문들은 언제나 효과가 높다. 자사의 이야기를 직접 말하는 것에는 관심이 없다가도 타사에 적용된 성공사례 등을 객관적 화법으로 이야기해주면 귀 기울인다.

"대부분의 고객들께서 5일 이내 납기 준수로 인한 효과에 높은 만족감을 나타내 주셨는데요, 혹시, 납기 문제로 인해 불편함을 겪으셨던 경우는 없으셨나요?"

"저희 서비스를 이용하시기 전만 해도 트래픽 폭주로 불편함을 겪으셨던 고객분들이 지금은 안정된 네트웍 강화로 비용절감 효과까지 보고 계십니다. 이와 관련 귀사에서 발생하는 네트웍 장애 문제에는 어떤 것들이 있을까요?"

• 바람직하지 못한 질문법

1. 조직 내 의사결정권자를 묻는 경우 직접적으로 묻지 않는다.
전형적인 세일즈맨으로 인식될 수 있고 공격적으로 들릴 수 있기 때문이다.

일반 예 "결정권자가 누구시죠?"

좋은 예 "이 회의에 참여 가능한 분이 또 누가 계시죠?"

"이 프로젝트와 관련해서 의논해야 할 분이 더 계십니까?"

"다음 미팅 때 함께 의논해야 할 책임자가 더 계신가요?"

사람을 언급하지 않고 질문을 하면, 가망고객의 거부감을 더 낮출 수 있다.

좋은 예 "이 보고서의 최종 승인을 받기 위한 최종 경로가 어떻게 되나요?"

"00 제안서를 최종적으로 승인 받기 위한 절차가 더 남아 있나요?"

"00 제안서를 승인받기 위한 최종 절차가 어떻게 되나요?"

2. 섣부른 판단을 앞세운 질문을 하지 않는다. 그 판단이 옳으면 상관없겠지만 틀릴 경우 피차가 난처해지거나 대화의 맥이 끊길 수 있다.

일반 예 "저희 노트북에는 무려 4개의 USB 단자가 있는 거 아시죠?"

좋은 예 "원하시는 노트북 사양에 어떤 기능이 있으면 하시나요?"

일반 예 "현재 공급받으시는 제품에서 비용을 더 줄이고 싶으신 거죠?"

(좋은 예) "저희가 제안 드리고 있는 공급 단가는 동종업계에서 평균 15% 이상의 경쟁력이 있습니다. 관련해서 추가적인 설명을 더 해드려도 괜찮을까요?"

(일반 예) "아무래도 연비가 좋은 트럭을 선호하실 것 같습니다. 그렇죠?"

(좋은 예) "저희 제품이 사랑받는 이유 중 하나는 높은 연비에 있다고 할 수 있습니다. 혹시 연비와 관련하여 더 궁금하신 것이 있으신가요?

3. 현재 거래선의 장점이 무엇인지를 포괄적으로 묻지 않는다. 나름대로는 경쟁사의 장점을 경청해서 보완하려는 좋은 취지인 것은 알겠지만, 결론적으로는 현재 거래선의 입지만 더욱 강화시켜 줄 뿐이기 때문이다. 자칫하다간 가망고객이 더욱더 경쟁사에 의존할 수밖에 없는 탁월함만 확인하다가 끝날 수도 있다. 이럴 땐 선정기준과 같이 꼭 알아야 할 요소만 질문한다.

(일반 예) "현재 거래처의 최대 장점은 무엇입니까?"

(좋은 예) "과거 현재 거래선을 선택할 당시 기준은 무엇이었나요?"

"과거 현재 거래선을 선택할 시 가장 고려했던 결정적인 기준은 무엇이었나요?"

"업체 선정 시 귀사에서 평가하는 주요 요소는 어떤 것일까?"

• 유용한 질문법

1. 연속 질문하기

필자가 몇 해 전 한 후배의 고민거리를 상담하면서 라이프 코칭을 해 준 적이 있었다. 그 친구는 여성이었고, 최근 들어 부쩍 늘어난 체중으로 심한 스트레스를 겪고 있었다. 그로 인해 우울증도 겪어 심신이 많이 약해졌다며 힘들어했다.

(박코치) "최근 불어난 체중 증가의 직접적인 요인과 간접적인 요인은 무엇인가요?"

(후 배) "직접적인 것은 저녁 때 폭식을 하는 것이고, 간접적인 것은 잘 모르겠어요"

(박코치) "그렇다면, 배가 충분히 불렀을 때 제일 하고 싶은 것은 무엇인가요?"

(후 배) (한참 망설이다가) "일을 하고 싶어요"

(박코치) "좀 더 구체적으로 말해 주시겠어요?"

(후 배) "사실 제가 얼마 전 퇴사를 했는데 전 아무리 생각해도 승

진에서 밀린 이유를 이해못하겠어요. 그것만 생각하면 일을 하고 싶다가도 짜증이 자꾸 납니다."

(박코치) "저런, 그랬군요. 그 때의 기억이 스트레스로 작용하면서 폭식으로 이어지는군요?"

(후 배) "아무래도 그런 것 같아요. 그래도 먹는 순간만큼은 아무 생각이 안 들어서 좋아요 문제는 일을 하고 싶은데 이젠 살이 너무 쪄서 두려워요"

(박코치) "우리가 함께 노력하면 극복할 수 있어요. 좀 더 얘기해 줄래요? 본인이 생각하기에 가장 먼저 해결해야 할 문제 1,2,3를 선정해 볼래요?"

(후 배) (한참 후) "첫째는…둘째는…셋째는…"

코칭(Coaching)의 기본은 '모든 문제는 고객 내부에 있다' 고 하는 믿음에서 출발한다. 위의 필자와 후배의 코칭 대화는 세일즈 현장에서도 동일하게 적용될 수 있다. 많은 세일즈맨들이 단순한 질문 몇 개로 일찍 상황을 마무리하려는 경우가 있다. 그러다 보니, 곧바로 문제 해결을 위한 세일즈 멘트로 돌진한다. 이럴 경우 문제의 핵심을 놓칠 수 있다.

(세일즈맨) "업체 선정 시 가장 중요하게 여기는 기준은 무엇인가요?"

가망고객 "저희는 아무래도 정확한 납기 준수에 신경을 쓰는 편입니다."

세일즈맨 "그렇군요, 저희 회사의 납기 시스템에 관해 말씀을 드리면..."

여기서, 성급하게 문제해결 단계로 들어가기보다는, 연속된 질문을 한다.

좋은 예 "어떤 이유로 납기 준수에 신경을 많이 쓰시는지 말씀해 주시겠습니까?"

"왜 납기 준수가 귀사에서 가장 많이 신경을 쓰는 요소인지 말해 주시겠어요?"

이렇게, 연속 질문을 하게 되면 맥락을 따라 더 깊은 문제점을 파고들 수 있게 된다. 그리고 가망고객의 다양한 정보를 얻을 수 있다.

무엇보다 고객과 더욱더 친밀해지며, 신뢰가 쌓여가는 느낌을 가질 수 있다. 가망고객의 마음속에 '이 세일즈맨은 우리의 문제에 진정으로 관심을 가지고 있구나' 라는 것을 새기는 것보다 더 중요한 게 있을까? 권투에서 연타를 치는 것과도 비슷하다.

계속 단타만 휘둘러서는 승리를 쟁취하기가 어렵다. 이렇게 콜드콜러들이 연속 질문을 못하는 이유에는 열정이 부족한 경우도 있겠지만 연속 질문에 대한 연습이 안 되어 있는 이유도 한몫한다.

그런데, 고객의 진심을 알아내기 위해선 연속 질문을 할 수 있어야 한다. 방법은 아주 쉽다. 가망고객에 대한 관심을 바탕으로 그저 맥락을 따라 연관된 답변을 끌어내는 질문만 던지면 되는 것이다.

아래의 질문을 던지는 기본 구문을 숙지해 두고 실전에서 꼭 활용해 보자..

"좀 더 구체적으로 말해 주시겠어요?"

"조금만 더 얘기해 줄래요?"

"상세하게 말해주세요.."

"그다음엔 어떻게 되었죠?"

2. 단계별 '명확화' 질문하기

"언제 시간 되면 한번 봅시다.", "그러니까 우리 다음 주쯤 식사해요" 필자는 이런 애매모호한 표현을 싫어한다.

그런데 대체적으로 보면 이렇게 말한 사람치고 먼저 구체적인 시간약속을 해오는 경우는 드물다.

결국, 매사 정확한 것을 좋아하는 필자가 약속 날짜를 잡게 된다. 이러한 성격이 세일즈 현장에선 더 많이 도움이 된다. 가망고객들 역시 처음부터 구체적인 이야기를 잘 하지 않으려 한다.

오히려, 애매모호한 표현을 할 때가 많다. 콜드콜러는 이를 단계별로 명확하게 구체화할 필요가 있다. 그래야 불필요한 실수를 줄일 수 있고, 시간을 단축할 수 있다.

> **가망고객** "계속 연락하죠"
>
> **콜드콜러** "좋습니다. 이 프로젝트에 이의는 없으신 거죠?
> 다음 주 수요일에 연락 드려도 괜찮을까요?"

> **가망고객** "우리가 고려해야 할 부분이 많은 것 같아요"
>
> **콜드콜러** "그중에서도 어떤 부분을 중점적으로 보고 계십니까?"

> **가망고객** "내부적으로 검토를 좀 해 봐야겠어요"
>
> **콜드콜러** "언제쯤 연락을 드리면 좋을까요? 그전에 저희가 도울
> 일은 없을까요?"

> **가망고객** "제가 다음 주 경에 연락 드리겠습니다"
>
> **콜드콜러** "괜찮으시다면, 수요일 이전에 부탁드려도 될까요?"

질문의 질은 답변의 질을 결정합니다. 더 많은 정보를 원하세요?

그렇다면 평소에 여러분의 통화 내용을 녹음하고 분석해 보시기 바랍니다. 듣다 보면 생각했던 것보다 유용하지 못한 질문을 많이 하고 있다는 걸 발견하게 되실 겁니다. 먼저 그것을 걷어 내시는 데 주력하십시오. 그리고, 네, 아니오의 단답형 대답밖에 할 수 없는 닫힌 질문보다는 가망고객의 관심사에 기반한 열린 질문을 하십시오.

물론, 어느 정도 라포(친밀감)가 형성된 상태에서 해야 되겠죠. 기대하지 않았던 고급 정보들을 거침없이 말해줄 수도 있습니다.

거기에서 힌트를 얻고 프레젠테이션 쇼를 준비하십시오. 쇼는 여러분의 것이 될 것입니다.

P R O M I S E

날카로운 측면공격 '듣기와 멈춤'

앞서 우리는 좋은 질문이 좋은 답변을 낳는다는 이야기를 했습니다. 그런데 이번엔 질문이 아닌 듣기에 관한 이야기를 해보고자 합니다.

세일즈 서적의 고전 [사람들이 일을 하도록 하는 법 How to Get People to Do Things, by 로버트 콘클린, 1979] 에서는 6개월 동안 세일즈맨들에 관한 다양한 연구를 했는데요, 특히, 세일즈 미팅 시 영업조직 내 영업 실적 하위 10%에 달하는 사람들은 평균 30분을, 상위 10%에 해당하는 사람들은 평균 12분을 말한다고 합니다.

우수 세일즈맨들일수록 듣는 비중이 압도적으로 많다는 것을 말해주는 것입니다. 좀 더 정확하게 말하면 그들은 말하는 것보다 더 많이 듣기도 하지만, 언제 입을 닫아야 할지에 대해 정확하게 파악하고 있다는 사실입니다.

정신분석학의 창시자이며 의사인 프로이드는 환자의 말을 특별하게 들어주기로 유명했다고 합니다. 그의 진료를 받은 사람들은 한결 같이 이런 말을 했다고 합니다.

"프로이트가 내 말을 듣는 모습이 너무 인상적이어서 도저히 잊히 질 않아요" 나중에 확인해 본 결과 그는 환자를 대할 때 시종일관 다 정하고 온화한 눈빛으로 대하고 모든 관심을 오직 환자에게만 기울이 며 중간중간 저음의 톤으로 공감을 표시해 주었다고 합니다.

가망고객과의 통화 시에도 이는 동일하게 적용됩니다. 보이지 않 는 전화통화라고 해서 상대가 모를 것이라 생각한다면 오산입니다. 여러분의 관심사가 잠시라도 그들이 아닌 다른 곳에 머물 때, 그들 역 시 그들의 이야기를 하려고 하지 않을 것입니다.

세일즈를 강의할 때 "어떻게 하면 고객의 말을 잘 들을 수 있을까 요?" 라고 질문을 합니다.

많은 사람들이 기술적인 측면에 대해 많이 언급합니다. 필자 또한 세련된 기술들을 가르칩니다. 하지만 무엇보다 강조하는 것은 팔고자 하는 마음을 접고 온전히 상대방에게만 집중하라는 것입니다.

왜일까요? 이것이 세일즈의 실적을 올리는 최선의 방법이기 때문 입니다.

사실, 많은 세일즈맨들이 듣기보다 어떻게 하면 한마디라도 더 할 까 호시탐탐 기회를 엿보곤 합니다. 듣기보다 말하기가 쉽고, 뭐라도 한 것처럼 느껴지기 때문입니다.

그런데, 역설적이게도 세일즈맨 자신이 주인공이 된 순간 영업 기회는 날아가 버립니다. 사실, 잘 들어만 하는 이유는 가망고객을 주인공으로 만들어주기 위함입니다. 가망고객이 주인공이 되려면 그들이 세일즈맨보다 더 말을 많이 하도록 해야 합니다.

어떻게 하면 좋을까요? 첫째, 말을 줄이십시오. 둘째, 가망고객의 말에 온전히 집중하십시오.

가망고객은 본인이 느끼고 생각해온 바를 기대했던 것 보다 길게 말해줄 것입니다.

그리고 판매에 도움이 될 만한 결정적 정보를 줄 수도 있습니다. 기억하십시오. 어떤 칭찬에도 동요하지 않은 사람도 자신의 이야기에 마음을 빼앗기고 있는 상대에게는 마음이 흔들리는 법입니다.

• 듣기를 돕는 최고의 기술 '멈춤'

말을 줄이고, 가망고객의 말에 온전히 집중하는 데 필요한 기술이 있다. 기술이 모든 것을 해결해주지는 않지만 아주 강력한 기술임에는 틀림없다. 바로 '멈춤' 이다. 듣기를 위해선 말을 멈춰야 한다.

이미 잘하고 있는 사람도 있겠지만 대다수의 사람들이 멈추기를 잘 못한다.

방법은 2초 동안 그저 침묵을 유지하는 것이다. 요령은 가망고객과의 대화 도중 2가지 포인트에서 멈추기를 하면 된다.

1. 질문 후 멈추기
2. 듣기 후 멈추기

질문 후 멈추기는 모두가 잘한다. 그런데 문제는 듣기 후 멈추기이다. 대체적으로 콜드콜러들은 가망고객으로부터 어떠한 답변을 듣자마자 바로 이야기를 이어간다.

이때, 2초에서 길게는 3초 가까이 침묵한다. 잘하는 비결은 그 순간 천장을 바라보며 침을 꿀꺽 삼킨다.

이 멈춤 기술은 여러가지의 혜택을 준다.

· 콜드콜러가 쉼 없이 말해야 하는 압박에서 벗어나 침착하게 말할 수 있는 여유를 준다.

· 가망고객의 집중력을 높여주어 더 많은 말을 하게 하며, 존중받고 있다는 느낌까지 주게 된다.

· 콜드콜러의 추임새 속에 기대하지 않았던 많은 정보들을 더 많이 말하게 되며 말을 많이 한 만큼 자연스럽고 편안한 대화가 이루어지게 된다.

· 콜드콜러 역시 자신이 할 말에 집중하는 대신 가망고객의 이야기의 흐름을 따라 이해도가 높아져 보다 더 관련성 높은 질문을 할 수 있게 된다.

· 이러한 선순환은 결국 대화의 질을 높이게 되고 상호 신뢰의 분위기를 형성하게 만든다.

• 이어컨텍(ear-contact)

눈을 보고 하는 아이컨텍(eye-contact)이 있다면 전화 통화 시에는 이어컨텍(ear-contact)이 있다.

필자가 만든 용어이니, 다른 사전에서는 찾아볼 수 없을 것이다. 아이컨텍과 마찬가지로 상대와의 상호작용을 높여주는 기술이다. 요령은 의자에 바짝 앉아 헤드셋을 끼우고 몸을 앞으로 15도 가량 기울여 적극적인 듣기의 자세를 취한다.

가망고객의 이야기 중 "저희가 가장 필요로 하는 부분은..", "저희가 직면한 문제는..", "지금 고려하고 있는 것들은.."과 같은 이슈가 등장할 때 "네 그렇군요" "좀 더 이야기해 주시겠습니까?"와 같은 추임새를 넣는다. 특별히, 가망고객의 목소리가 작아지고 다소 속삭이며 말하는 경우 그 부분이 회사 내 민감하고 중요한 정보가 될 가능성이 높다. 회사의 문제점을 말하는 것이 되기 때문에 주변 동료들에게 들리지 않도록 조심하는 것이다. 당연히 메모를 철저히 해 둔다.

멈춤과 이어컨텍의 기술은 PART 4. 효과적인 목소리 연출 부분에서 다시 다루어질 것입니다. 그만큼 중요한 기술이기 때문입니다. 상대가 이야기할 때 끼어들고 싶은 욕망은 누구에게나 있습니다. 이때, 멈춤의 기술을 잘 활용하면 얼마나 편안한지 경험해 본 사람들은 다 압니다. 거기에 말은 적게 하면서도 더 많은 것을 얻게 되니 이 얼마나 부가가치가 높은 대화법입니까. 일찍이 미국의 소설가 마크 트웨인은 이런 말을 남겼습니다.

"적절한 말은 효과적일 수 있지만 적당한 시기에 멈추는 것만큼 효과적인 말은 없다." 네, 그렇습니다. 멈추고 들으시면 됩니다.

PART

제4장

성공 콜드콜링을 돕는
실적 엔진 : 실행 동력

● ● ●

믿음이 부족하기 때문에
도전하길 두려워 하는 바 나는
스스로를 믿는다

– 무하마드 알리 –

"

가망고객을 움직이게 하는 요청 질문

지금까지 우리는 일방적 전달이나 구애하는 형식이 아닌 가망고객의 심리적 특성에 기반한 약속 잡기 시도를 배웠습니다.

그 대표적인 특성 중 하나는 [설득의 심리학, 2013]에서 로버트 치알디니가 언급한 사회적 증거의 원칙에서도 찾아볼 수 있습니다. 즉, 사람들은 옳고 그름을 판단할 때 다른 사람들이 내린 판단을 근거로 삼는다는 것입니다.

한 세일즈맨이 책의 장점을 강조하는 판매 방법만 사용했을 때는 주당 평균 550달러의 수익을 낸 반면 '앞집의 존슨 씨도 아이들에게 성경 이야기를 읽고 싶다고 한 세트 들여놓으셨습니다'라고 말했을 경우엔 주당 평균 893달러의 수익(62.13% 증가)를 보였다는 것이 이를 방증 합니다. (제3자 보증 인용 전략) 그리고, 사람들의 행동 변화는 좋은 정보만으로는 결코 변할 수가 없다는 점입니다.

사람을 변화시키는 핵심은 정보 그 자체가 아니라 그 정보가 자신에게 어떤 의미로 연결되고 행동으로 적용될 수 있는지 인식되어야 한다는 것이죠. 바로 그 연결과 인식을 가능케 하는 것이 질문인 것입니다. 우리는 이제 이러한 토대 위에 스마트 오프닝 프로세스가 개발되었음을 알 수 있습니다.

사실, 여기까지가 필자가 안내할 수 있는 가장 확실한 진실의 순간(MOT : Moments Of Truth 고객이 회사나 제품에 대해 이미지를 결정하게 되는 15초 내외의 짧은 순간을 일컫는 마케팅 용어)이 아닐까 싶습니다.

"괜찮으시다면 적절한 날을 정해 저희의 솔루션이 귀사를 도울 수 있을지 몇 가지 질문을 드리고 싶습니다."라는 오프닝의 마지막 권유는 사실상 콜드콜링을 성공으로 이끄는 가장 우아한 형태의 질문입니다. 그리고 가망고객의 긍정적 결심을 최고조에 올려놓습니다.

그럼에도 불구하고 우리가 약속을 잡을 수 있는 최대 가능치는 평균적으로 25% 내외입니다. 이는 상당히 높은 수치입니다만 나머지 75%의 예측 불가한 영역이 여전히 남아있음을 의미하기도 합니다.

그런데 문제는 이 예측 불가한 변수들은 여러분이 취급하는 상품이나 서비스에서부터 고객이 처한 현재 조건에 이르는 수십 수백 가지의 다른 상황들을 반영한다는 점입니다.

극단적인 예를 들자면, 지금 전화를 받은 가망고객은 지난달 부장 승진에서 탈락한 관계로 회사를 정리하고 떠날 생각에 빠져 있을 수도 있으며, 어중간한 중간관리자인 경우 제안받은 내용이 회사에 필요한 것임에도 불구하고 적체된 본인의 업무에 과부하가 걸린 나머지 의도적으로 저항할 가능성도 있다는 것입니다.

필자가 실제로 저항을 한 적이 있습니다. 정말 운이 좋아 가망고객의 현재 조건과 여러분의 제안이 완벽하게 매칭이 된 경우라면 약속 잡기는 식은 죽 먹기가 될 것입니다.

콜드콜러에 대한 긍정적 MOT가 형성되었다면 스킬은 더 이상 큰 의미를 띄지 않게 되기 때문이죠. 판매로 바로 연결 될 수도 있으며, 그냥 여러분들이 하시고 싶은 대로 하셔도 거의 무방합니다.

그렇지만, 유보적인 경우는 좀 다릅니다. 가망고객들은 약속이행에 필요한 행동이나 구매 결정에 따르는 실행단계에서 보통 주저 하게 마련입니다. 7~80%가 그렇다고 보면 됩니다. 급할 게 없기 때문이기도 합니다. 급한 건 여러분이죠.이때, 여러분은 약속잡기 혹은 판매에 필요한 그들의 이행을 촉구해야 합니다.

이는 강요가 아닙니다. 정상적인 거래 관계로 가기 위한 지극히 자연스럽고 합당한 요구인 것입니다. 동시에 그들의 유보적인 태도에 자극을 주어 원활한 실행을 돕는 것입니다.

• 다음 진행을 위한 이행 요청

대체적으로 한국 사람들은 타인의 부탁은 잘 들어줘도 정작 자신이 원하는 바에 대해선 당당하게 요구하지 못하는 경향이 있다.

보통 콜드콜러들은 가망고객이 부담스러워하고 불편해할 거라고 단정한다. 심지어 미안해하기까지 한다. 그런 경우는 대개 자신의 일과 솔루션에 대한 자부심이 없어 부끄러워하는 마음이 들 때이다. 비즈니스 세계에선 이런 일이 있어선 안 된다.

적어도 이런 상태로 영업활동을 해서는 안된다. 가망고객에게 제안된 사안에 대해 진전이 필요할 때, 만남을 위한 약속이행이나 구매요청을 촉구할 때 콜드콜러는 지체없이 요청 모드로 전환해야 한다.

이 모든 것들은 후속 전화를 염두한 것이기도 하다. 걱정하지 말라. 여러분의 순수한 열정이 묻어나는 요청엔 진정성이 있어 고객이 절대로 불편해하지 않는다.

1. 견고한 진전을 위한 이행 요청

부동산에서 쓰이는 세일즈 기법 중에 '추정 승낙법' 이라는 게 있다. 이 방법은 고객이 이미 의사 결정을 내렸다고 전제하고 마무리를 짓는 것이다.

예를 들면, 고객이 특정 시점에 강한 흥미를 표시한 순간을 포착하여 질문하는 기법인데, 계약 전제법이라고도 불리운다. 예를 들면 "등기는 언제쯤 하시렵니까?"와 같은 것이다. 이를 콜드콜링에 응용하면 가망고객과의 업무나 만남을 더욱 견고하게 만드는 효과가 있다.

요령은 현재 시점에서 다음 만남 사이에 서로에게 특정한 역할 행동을 부여하거나 그러한 암시를 주는 것이다.

"현재 시점에서 다음 만남 때까지 저희가(서로) 준비해야 할 게 무엇이 있을까요?"

"원활한 다음 미팅을 위해 다음 자료들을 준비해 주실 수 있을까요?"

"다음 만남을 위해 언제쯤 A자료의 검토가 이루어질 수 있을까요?"

"다음 미팅 전까지 직원들 대상 조사가 원만히 이루어질 수 있겠습니까?"

"이번 프로젝트가 성사되기 위해 필요한 게 무엇입니까?"

"제품 평가 시 사용되는 기준은 무엇이며 추가 미팅을 위해 관련 데이터를 다음 미팅전까지 보내 주실 수 있으십니까?"

이러한 이행 요청은 다음 만남을 보다 풍성하게 만들어 줄 수 있으며, 동시에 가망고객의 동태와 심경을 파악해 볼 수 있는 이점이 있다.

2. 만남을 위한 이행 요청

콜드콜러는 대화가 끝나는 최후의 순간까지 품위를 잃어서는 안

된다. 질문의 무게가 답변의질을 결정하기 때문이다. 핵심은 최대한 전문가답게 또박또박 천천히 말하는 것이다. 이 때, 목소리의 힘이 중요하다. 너무 기계적이거나 영업사원처럼 전달되지 않도록 주의한다. 멘트 역시 최대한 격식이 묻어나는 형태로 작성한다.

> "함께 모여 논의해볼 문제라고 생각됩니다. 다음 주 수요일에 이 논의를 이어갔으면 하는데 어떻게 생각하십니까?"
>
> "보여드리고 싶은 몇 가지 옵션들이 있습니다. 원활한 설명을 위한 브리핑룸이 필요한데 함께 모일 시간을 정해볼까요?"
>
> "논의할 주제 이외에 추가적으로 검토해야 할 사항들이 더 있는지 함께 모여 논의했으면 합니다. 다음 주 목요일 어떠신가요?"

3. 구매를 위한 이행 요청

가망고객의 관점에서 두 개의 문장을 비교해 보자.

> A : 보여드릴 제품이 있습니다. 몇 가지 모델이 있는데 다 한번 보시고 결정하시겠습니까?
>
> B : 말씀 주신 내용을 토대로 했을 때, 귀사에는 SMT-900 모델이 프로세싱 시간을 가장 많이 줄여 줄 수 있습니다. 현재 보유 재고가 한 대가 있는데 금일 내로 설치가 가능합니다. 진행해 드릴까요?

A보다는 B가 선택받을 확률이 높다고 볼 수 있다. 구매 심리학적 관점에서 보면 고객은 보다 구체적이고 제한적인 결정을 요구받을 때 구매할 확률이 높기 때문이다.

놀라운 사실은 소위 전문 세일즈맨들이라 불리우는 사람들 중에서도 이러한 결정적 요구(세일즈 용어로 클로징이라 한다 : Closing)를 못하는 경우가 많다는 것이다. 취급하는 상품이나 주기에 따라 클로징을 일찍 할 수도 늦게 할 수도 있다.

잊지 않아야 할 것은 항상 구체적이고 특화된 조건을 제시하도록 해야 한다는 점이다.

"지금까지 말씀해주신 문제들이 해결된다면(조건들이 충족된다면) A상품을 주문하실 의향이 있으신가요?"

"말씀 주신 내용을 바탕으로 고객님께 가장 유리한 조건을 제안 드린다면 00상품이라고 말씀드리고 싶습니다. 괜찮으시다면 이 상품의 주문진행을 도와드려도 될까요?"

"만일 구매신청을 하신다면 A, B상품 중 어떤 것이 더 마음에 드시나요? 그렇다면 A상품과 관련한 추가적인 설명을 더 해드려도 될까요? 아니면 바로 주문진행을 도와드릴까요?"

상기의 세일즈 피치(sales pitch : 구매를 요구하는 영업 멘트)들을 현장 상황에 맞게 적절히 구사하면 좋다. 거절을 당할까 봐 혹은 부정적인 답변을 들을까 봐 두려운 사람들에게 위로가 되는 말이 있다. 설사 거절을 당했다 한들 '잃을 게 있는가?' 라는 것이다. 오히려, 다른 제안을 준비하기 위한 시간의 절약이라고 생각하는 게 맞다.

4. 향후 거래를 위한 이행 요청

실제로 제안의 내용과 상관없이 가망고객의 구매 주기가 지금이 아닐 가능성이 크다. 향후 거래를 기대하는 이행 요청은 당장은 아닐지라도 거래 가능성의 여지와 더불어 거래 의지를 보여주는 효과를 낳는다. 일종의 잔상 효과다.

> "거래선 변경 시 저희가 참여할 수 있도록 전화 주시겠습니까?"
> "새로운 공급자가 필요하실 경우, 저희 서비스를 고려해 주시겠습니까?"
> "다음 분기 제안요청서(RFP) 작성 시 저희 업체도 포함시켜 주시겠습니까?"

결정하는데 소극적이거나 망설임이 뚜렷한 가망고객이라면 이래와 같이 표현하는 방법도 있다. 장애 요소를 미리 파악해 대처가 가능하다.

"이번 프로젝트를 진행했을 경우 가장 걱정되는 요소는 무엇인가요?"

"업무를 진전시키는 데 있어 생각하시는 최악의 시나리오는 무엇입니까?"

"저희 시스템을 구축하실 경우 가장 우려가 되는 요소는 무엇인가요?"

"이번에 진행을 안 하신다고 가정할 경우 별다른 문제는 없으신가요?"

이상으로 다양한 요청에 관한 것들을 다루어 보았다. 답보된 상태에 있는 가망고객에게는 허락을 구하지 말고 요청을 하라. 요청에는 사람을 움직이게 하는 힘이 있다. 같은 의미라도 "자료를 하나 보내드려도 될까요?"는 허락을 구하는 것이다.

"자료를 보내 드리려고 합니다. 검토 후 일주일 안에 피드백을 해주시겠습니까?" 혹은 "일주일 안에 그 안건으로 논의했으면 합니다." 와 같이하면 요청이 되며, 행동을 유발한다.

단순히 허락을 구하면 그들은 다음 일정에 대해 깊게 생각하지 않는다. 그러나 일단, 그들의 집 마당 깊숙이 공을 던져놔야 꺼내 달라고 요구할 수 있고 집 안으로 들어갈 명분도 생긴다.

• 후속 전화를 위한 조치들

한번 전화한 고객에게 다시 전화하는 것을 꺼릴 수 있다. 물론, 부적합한 고객이라고 판단이 된 경우 과감하게 정리하는 것이 일 순위이다. 반면에 미래 가능성 측면에서 지속적인 관계가 필요한 경우라면 몇 차례의 후속 전화를 시도할 필요가 있다.(이 부분은 다음 장에서 다루게 됨) 그런데 후속 전화를 했음에도 가망고객이 전혀 기억을 하지 못하는 경우가 있다.

오랜만에 전화를 한 측면도 있지만, 이런 경우 콜드콜러 자신을 탓해야 하는 게 맞다. 이유는 첫 통화 시에 강력한 임팩트를 주지 못했거나 역할 행동을 부여하지 않아 기억에 남을만한 것이 없었기 때문이다.

후속 전화에 있어 부정할 수 없는 진실이 있다. 첫 번째 통화의 마무리가 후속 통화의 질을 결정 한다는 점이다. "좋습니다. 지금 바로 자료를 보내드리겠습니다. 조만간 다시 전화 드리겠습니다."와 같은 표현으로는 가망고객과의 다음 일정을 기대하기 어렵다.

이 마무리엔 특별함도 서로를 연결해 주는 어떠한 역할 부여도 찾아볼 수 없기 때문이다. 핵심은 애당초 다음 일정을 고려한 확실한 명분을 만들고 마무리해야 한다는 점이다.

그리고 난 후 다음의 2가지 사항에 답할 수 있을 때 후속 전화를 하는 것이 바람직하다.

- 왜 이 고객에게 후속 전화를 해야만 하는가?
- 서로에게 어떤 역할 행동을 부여했었나?(동시에, 부여할 것인가?)

이 두 가지 질문에 대한 답은 여러분의 후속 전화에 많은 성공의 기회들을 가져다줄 것이다. 제대로 된 첫 번째 통화를 했다면 여러분은 가망고객의 1차 관심사를 파악했을 것이다. 그것을 바탕으로 그들의 필요, 어려움, 의사결정 프로세스, 진행사항을 리뷰하는 것으로도 서로 간의 라포(친밀감, 신뢰도)를 형성시킬 수 있다.

두 번째는, 지난번 부여된 역할 행동의 점검이다. 어떠한 역할을 하기로 했었는지 또 앞으로 어떤 일들을 고려해 나아가야 할지에 대해 재확인 및 이행 요청을 하는 것이다.

여기서는 새로운 아이디어나 샘플 제시, 데모 발송, 주요 리포트 백업 등을 지원하고 그것에 대해 검토와 피드백을 받는 절차가 필요하다.

"저희가 논의한 내용들이 어느 선까지 보고가 되었나요?"

"샘플에 대한 진단은 잘 진행되고 계시나요? 최종 결과는 언제쯤 알 수 있을까요?"

"다음 통화 때는 전체적인 가격 구성과 딜리버리에 대해 논의해보면 어떨까요? 아니면 다른 의견 있으신가요?"

"저희 제안에 대해 대체적으로 반응은 어떤가요? 평가를 속히 받아보고 싶습니다"

만일, 상기의 질문들에 대해 적절한 피드백을 못 받았거나 어떠한 행동도 취해오지 않았다면 어떻게 할 것인가? 판단은 여러분의 몫이다. 반대로 적절한 피드백을 받았다면 또다시 반복해서 후속 일정에 대해 조금 전 배운 대로 이행 요청을 하면 된다.

"저희들이 보내드린 직원들 대상 진단지가 완료되면 그 결과를 토대로 이야기 나누면 좋을 것 같습니다. 연락주세요"

이러한 표현 방식은 가망고객이 후속 일정도 체크해야 하고 동시에 과제도 제출해야 하는 역할행동을 부여받았기 때문에 만남의 질이 훨씬 좋아 진다. 즉, 바통을 그들에게 넘기는 방식을 취했다고 볼 수 있다.

콜드콜링 언제, 어떻게, 얼마만큼 해야할까?

 아마 세일즈맨들이라면 본 주제에 대해 한 번쯤은 생각해 보셨을 것입니다.

처음에 이 주제를 선정하고자 했던 이유는 회사 내 영업 관리자 입장에서 실무자들에게 관리지침을 줄 필요가 있다고 판단했기 때문입니다. 만일, 특정 고객을 상대로 시도해야 하는 적정 전화 횟수나 효과적인 접근 방법 등의 가이드라인이 있다면 보다 효과적으로 업무를 진행할 수 있을 테니까요. 특히, 신입 직원들이나 처음 시도를 하려는 분들에게 도움이 될 것입니다.

그렇습니다. 현재까지 필자가 확보한 자료 중에선 가장 객관적인 정보를 드리려고 합니다. 그럼에도 불구하고 먼저 주관적인 이야기를 빼놓을 수는 없을 것 같습니다. 개인적으로 필자는 객관적 자료라는 것이 항상 좋다고만 생각하진 않기 때문입니다.

객관적 자료 혹은 객관적 기준이라는 것이 때로는 한계를 정하지 않고 도전하려는 인간을 평균으로 수렴시킬 수도 있으니까요.

6개월 동안 매일같이 새벽 5시에 기상을 하여 식사를 하고 목소리를 다듬고 명상을 하고 스크립트를 점검 했습니다.

아침 8시부터 필자의 콜드콜링은 그렇게 시작되었습니다. 너무 이른 시간이라고 생각하실지 모르지만 통화했던 모 부장님에겐 이른 시간이 아니었습니다. 오히려 조용한 시간대여서 더 편안해하는 듯한 느낌마저 받았습니다. 처음엔 50분 전화, 10분 휴식의 패턴으로 오전 2시간, 오후 2시간가량을 꾸준히 해 나아갔습니다.

얼마 지나지 않아 모든 게 백지상태였던 엑셀 시트가 프로스펙팅이라는 과정으로 차곡차곡 채워져 갔습니다. 대략 하루에 적게는 50통에서 많게는 100통을 넘어선 적도 있었습니다.

그렇게 1,000여 개 이상의 기업을 대상으로 하루평균 70여 통을 하니 6개월간 약 8,500통의 콜드콜링을 집중적으로 할 수 있었습니다. 안내데스크와 부재중을 감안했을 때 담당자나 결정권자까지 연결되는 데는 보통 2~4통의 시도가 있어야 했습니다.

저녁엔 제안서와 각종 교육을 받아야 했고 낮에는 많게는 5개 업체에서 적게는 2~3개의 업체를 꾸준히 미팅 방문을 했던걸 감안하면 하루 평균 70여 통의 통화량은 결코 적은 양의 숫자가 아니었습니다.

시간을 정해 놓고만 해서는 달성하기 어려운 숫자로 틈나는 대로 해야만 가능한 통화량입니다. 다른 사람들이 생각하기 어려운 시간대

가령 금요일 퇴근 이후의 시간대나 주말에도 전화를 했습니다. 정말 미친 듯이 신나게 전화기 버튼을 눌러 댔던 것 같습니다. 그만큼 가는 시간이 아까울 정도로 열정을 불태웠습니다.

하지만, 모두가 필자처럼 할 필요는 없습니다. 처한 상황들이 다 다르니까요. 지금부터는 꽤 신뢰할 만한 조사 자료를 보여 드리고자 합니다. 이는 B2B 약속 잡기 서비스를 제공하는 미국의 세일즈스태프(SalesStaff)의 연구결과를 바탕으로 합니다.

우선 커뮤니케이션 채널의 선택에서 그들은 전화와 이메일을 최적의 믹스로 선정합니다.

그리고 인사이드세일즈닷컴과 MIT의 연구를 인용해 다음의 그림과 같이 전화 연락을 여섯 번 할 경우 접촉 가능성은 최대 90퍼센트까지 올라감을 보여주고 있습니다.

가령, 신입 직원이 질문합니다. "한 기업당 전화 시도는 몇 번까지 해야 하나요?" 지금부터는 과거처럼 은근과 끈기로 될 때까지 하라고만 말하지 마십시오.

이 자료를 제시하면서 최소 6번까지는 시도해 보라고 가이드를 해 주십시오. 참고로, 전화로 연락한 기업의 평균 연락 횟수는 세 번에 불과 했으며, 전화와 이메일을 모두 이용해서 접촉을 시도할 때 효율이 높다고 강조하고 있습니다.

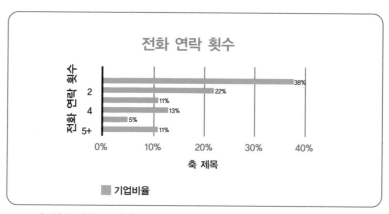

(그림 5. 세일즈스태프) 출처 : http//salesstaff.com/market-research-survey/

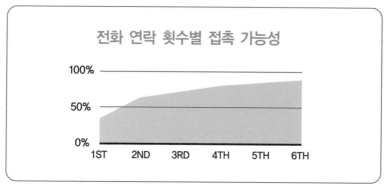

(그림 6. 인사이드세일즈닷컴) 출처 : http//static.insidesales.com/assets/pdf/ebook-
the-art-of-cold-calling-and-the-science-of-contact-rations.pdf

조사 대상 기업들은 평균적으로는 이메일 두 번과 전화 세 번을 포
함해 다섯 번의 연락을 취하고 있었는데, [예측 가능 프로스펙팅
Predictable Prospecting By 매릴러타일러, 제레미도노반, 아이투맥
스 , 2018]에서 저자는 영업일 기준으로 22일, 즉 한 달 동안 8~12번

의 접촉을 권장하고 있음을 볼 수 있습니다. 좀 더 자세한 사항을 얻기 원하신다면 상기의 책을 읽어보실 것을 권합니다.

정리를 하면 콜드콜링은 전화를 중심으로 하되, 이메일을 보조 수단으로 하여 최소 6회가량의 꾸준한 시도를 해 보는 것입니다.

이제 이 개념을 알았으니, 한두 번 하다가 포기하는 일은 줄어들 것입니다. 그렇게 한 단계 한 단계 시도해 가다 보면 자신만의 루틴(습관적으로 하는 절차)이 생길 것이고, 자신감은 높아져 콜드콜링이 재미있게 느껴지는 순간이 곧 다가올 것입니다.

그리고 노파심에서 하나 덧붙인다면 한 기업당 접촉 경로를 한 부서로만 단일화하지 마십시오. 기업 대상의 영업은 가장 똑똑하면서도 열심히 뛰는 자의 것입니다.

여러 부서의 접촉을 통해 다양한 정보를 취합하다 보면 최적의 가치 제안이 가능해지기 때문입니다.

03

성공 콜드콜링을 위한 작동 엔진

아무리 좋은 자동차도 엔진에 때가 끼게 되면 성능이 떨어집니다. 이런 경우, 빨리 엔진의 때를 제거하는 작업을 해야 합니다.

그렇지 않으면 더 오랫동안 잘 운행할 수 있는 자동차의 수명이 단축되기 때문입니다.

콜드콜링 활동 중에도 이와 같은 때가 낄 수 있습니다. 그게 무엇일까요? 힌트를 드리면 이때는 눈에 잘 띄지는 않지만 우리의 일상에 도둑같이 찾아 들어와 우리의 성장을 가로막습니다.

여기에 젖다 보면 위기가 찾아왔을 때 허둥지둥하게 되며 최악의 경우 우리가 가고자 하는 길을 막아서게 하기도 합니다.

이것은 무엇일까요? 필자가 준비한 답은 '현상 유지'입니다. 이 현상 유지야 말로 가장 무서운 경쟁자이며 세일즈 비즈니스에서 가장 경계해야 할 일 순위라고 필자는 생각합니다.

특히, 회사를 직접 운영하는 분들이나 영업조직을 이끄는 리더들은 하루하루가 피 말리는 전쟁터 속에서 생존 계획을 고민합니다.

직원들의 월급을 줘야 하고, 신제품을 개발해야 하며, 마케팅을 위한 모든 재원을 마련하려면 늘 깨어 있어야 합니다. 현실에 안주하거나 '이 정도면 됐겠지' 하는 안이한 마음이 들 때가 가장 위험합니다. 직장내 비영업 직군에 속해 월급을 받는 분들만 해도 이러한 것들이 피부에 잘 와 닿질 않습니다.

하지만 퇴사 후 자기사업을 해보면 쉽게 체감할 수 있습니다. 중소기업내에 영업 관리자 위치만 되어도 당장 이번 달 마감을 잘하느냐 못하느냐에 대한 압박이 상당히 큽니다. 그 결과가 당장 자신의 연봉으로, 자리 보전에 대한 위기감으로 다가오기 때문입니다.

사실 기업 대상 영업에서 매출 목표를 계획대로 달성한다는 것이 쉬운 일은 아닙니다. 변수가 너무나 많기 때문입니다. 그리고 그 변수를 제어하는 수단으로서 프로스펙팅을 통한 고객 DB의 구축과 영업 파이프라인 지표 관리의 중요성을 책 초반부에 이미 기술하였습니다. 이번 시간에는 이러한 지표들을 실질적으로 구축할 수 있도록 하는 실천방안에 대해 말씀드리고자 합니다.

이른바, 콜드콜링의 실천 강령 3가지 수칙입니다. 그전에 매우 중요한 공식 하나를 제시하고자 합니다. 이 공식은 콜드콜링을 성공으로 이끄는 매우 의미 있는 메시지를 담고 있습니다.

Appointments give you

Prospects give you

Sales

약속은 가망고객을, 가망고객은 판매를 일으킨다.

By 스테판 시프먼(Stephan schiffman, 세일즈 트레이너)

이 멋진 문장을 필자는 이렇게 공식화 해 보았습니다.

A = 0　약속이 없으면

P = 0　가망고객도 없고

S = 0　판매도 없다

공식의 명칭은 'The A=P=S' 입니다. 곧, '약속이 없으면 아무런 일도 일어나지 않는다' 는 뜻입니다.

• 제 1 수칙 : 콜드콜 숫자를 파악하라

일반적으로 15번 콜시도를 하게 될 경우 7명의 사람과 통화하게 되고 그중 1명과 약속이 잡힌다고 가정하면, 통화량 대비는 약 6%, 실제 통화 수 대비는 15% 정도의 약속 잡기 성사율을 보이는 것이 된다. 참고로, 필자는 실제 통화 수 대비 약 25%의 성사율을 나타냈다. 즉,

자신이 하루에 통화하는 양을 기준으로 성사율이 어느 정도를 나태
내고 있는지를 파악하는 건 상당히 중요하다.

부인할 수 없는 사실은 콜드콜링은 횟수에 비례하는 숫자 게임이
기에 자신이 목표로 하는 콜드콜 숫자와 그에 따른 본인만의 성사율
을 파악하는 것만으로도 실행에 대한 의지를 북돋을 수 있다.

• 제 2 수칙 : 거절 숫자를 파악하라

미국의 어느 세일즈 아카데미에서 신입 직원들을 대상으로 콜드콜
링 교육을 실시했다. 교육 내용은 고객 DB리스트를 주고 실제 콜을
하게 하였는데, 이날, 가장 많은 약속을 잡은 직원에게 상과 상금이
주어졌다. 그런데 알고 보니, 또 하나의 상이 있었다.

가장 많은 거절을 당한 직원에게도 동일한 상과 상금이 수여된 것
이다. 이곳에서는 거절이 실패가 아닌 하나의 거절가치로서 인식되게
하였고, 거절의 비율이 곧 승낙의 비율과 비례한다는 것을 몸소 체험
케 했다.

가령, 20번의 콜 시도를 했을 경우, 5명의 사람과 통화를 하게 되
고 평균 1명과 약속을 잡게 된다면 유사 거절을 포함, 총 19번의 거절
을 당하는 셈이 된다. 이는 곧 19번의 거절을 당할 때까지는 콜 시도
를 멈추면 안된다는 의미이기도 하다.

콜드콜 숫자와 더불어 거절의 숫자도 함께 파악하자. 평균적으로

콜 시도를 했을 때 어느 정도의 거절을 거쳐 한번의 약속이 잡히는지를 알게 되면 콜 시도가 하나의 게임으로 인식되어 동기부여가 될 수 있다. 그리고 기억하자. 거절은 실패가 아닌 가치이며, 실적이다.

• 제 3 수칙 : 자신만의 루틴을 구축하라

영업 실적을 향상시키는 아주 중요한 비결이 있다. 모 제약회사 세일즈맨의 이야기이다. 전체 650여 명의 세일즈맨 중 언제나 실적 1위를 놓치지 않는 그에게 비결을 물었다.

그의 대답은 의외로 단순했다. "저는 그날의 영업 마감 무렵 한 통의 콜을 더 시도합니다." 그는 실제로 모든 그날의 일을 마무리하고 퇴근을 할 무렵 옷을 다 챙겨 입은 후 의자에 다시 앉아 한 통의 콜을 더 시도했다.

이 말의 의미는 자신만의 루틴을 유지하는 꾸준함의 중요성을 강조한 것이다. 그래서 그에게 퇴근 전 한 통의 추가 콜은 일종의 의식과도 같은 것이었다. 놀랍게도 필자 역시 비슷한 것을 했다.

일종의 '징크스 시스템'이다. '오늘의 마지막 통화를 거절 상태로 마무리하면 내일 영업활동이 순조롭지 못하다' 등으로 마인드 셋을 한 후 최대한 긍정적인 상황으로 통화가 끝날 때까지 콜 시도를 멈추지 않았던 것이다.

여기에서 말하고자 하는 것은 콜을 필요에 따라 한꺼번에 몰아서

하거나 혹은 필요할 때만 하기보다 자신만의 목표 시스템이나 루틴을 구축하고 꾸준히 하는 것이 최고의 성과를 내는 궁극적 비결이라는 점이다.

세일즈에 적용되는 수학의 이론 중 '대수의 법칙'이라는 것이 있습니다. 경험적 확률과 수학적 확률과의 관계를 나타내는 것인데요, 쉽게 말해, 세일즈 시도의 횟수가 많으면 많을수록 예측되는 결과값이 정밀해진다는 것입니다.

콜드콜을 100번 시도한 결과가 30번을 시도한 결과보다 성사율의 정확도 측면에서 높은 것은 당연한 거겠죠.

이 대수의 법칙은 영업관리자의 실적 관리 교육에서 항상 중요하게 다루어 집니다. 단순하면서도 명쾌하기 때문입니다.

예를 들어, 이번 달 영업 계약을 따내기 위해 콜 시도를 30번 하고 이 중 제안서를 6군데 보냈습니다. 또, 이 중에서 수정제안서를 3번을 썼더니 최종 2곳과 계약이 체결 되었습니다.

정리하면 콜 시도 30번 → 제안서 작성 6번 → 수정 제안서 3번 → 계약 2곳입니다. 다음 달이 되었습니다. 이번엔 영업 목표를 계약 4건으로 잡습니다. 어떻게 하면 계약 4건을 만들어 낼 수 있을까요? 역산해서 활동 관리를 해 나아가면 됩니다.

즉, 계약 4건을 위해선 수정제안서를 6번, 제안서를 12번, 콜시도를 60번 하면 됩니다. 기본적으로 '실적을 2배 내려면 활동 관리를 2배로 올린다' 라는 생각으로 접근하면 되는 것입니다.

실적을 내는 세일즈 조직은 과정 중심의 활동 관리에 강한 반면, 실적을 잘 내지 못하는 조직은 결과 중심의 성과목표에만 집중하는 경우가 많습니다.

결국, 의미 없는 보고서만 연신 작성하게 되는 이유입니다. 이 대수의 법칙을 각자 처한 영업환경이나 개인의 조건에 맞게 잘 관리하게 되면 실적은 반드시 올라가게 되어 있습니다.

거기에 시간이 쌓일수록 경험과 역량이 개발되어 실질적으로는 더 적은 노력으로도 더 많은 실적을 낼 수 있게 됩니다.

04

고객의 마음을 사로잡는 전화 목소리

콜센터나 B2B 아웃바운드 콜 세일즈 인력들을 대상으로 강의를 하러 가면 우선 그들의 복장 상태를 살펴보게 됩니다. 생각보다 많은 교육생들이 편한 복장에 슬리퍼를 신고 있음을 볼 수 있습니다.

그중 어떤 교육생은 도저히 세일즈 비즈니스를 하는 사람이라고 볼 수 없을 정도로 헤어스타일부터 옷차림새까지 남루했습니다. 만일 그들이 고객을 직접 눈앞에 마주한 상태였다면 이러한 모습으로 응대를 했을까 싶습니다.

아마도 그렇지 않았을 것입니다. 화려하진 않더라도 최소한 세미 정장에 깨끗하게 닦은 구두를 신고 흐트러진 머릿결을 점검한 후 만남에 임했을 것입니다.

그런데 왜 전화 비즈니스상에서는 이렇게 하지 않는 걸까요? 상대가 보이지 않기 때문에 경계를 푼 것입니다. 하지만 복장 상태는 마음과 태도를 지배합니다.

그리고 마음과 태도는 고스란히 목소리로 반영됩니다. 그 미세한 차이가 가망고객의 마음을 열게도 혹은 닫히게도 할 수 있습니다. 많은 분들이 킹스맨이라는 영화를 기억하실 겁니다. 극 중에서 에거시는 평범한 복장을 하고 사투리를 써 가며 친구들과 농담을 주고받습니다. 하지만 킹스맨 복장만 장착하면 어엿한 신사로 변해 전투에 임하게 됩니다.

이때 그의 목소리를 잘 들어보시면 촌티 나던 애송이의 목소리는 온데간데 없어지고 어느새 카리스마 넘치는 남자의 목소리로 변해 상대를 압도하고 있음을 알 수 있습니다. 목소리는 이렇듯 복장에서부터 마음과 태도를 변화시켜 상대에게 영향력을 미치게 됩니다.

가장 멋지고 단정한 모습으로 고객에게 전화하십시오. 바로 지금 내 눈앞에 고객이 있다고 생각하고 말하십시오. 그것이 고객의 마음을 사로잡고 효과적으로 목소리를 전달하는 첫 출발선입니다.

• 고객의 마음을 사로잡는 전화 목소리

그렇다면 어떠한 목소리가 고객의 마음을 사로잡는 것일까? 성우 같은 중저음의 목소리일까, 아니면 꾀꼬리같이 밝고 경쾌한 목소리일까, 물론, 그런 목소리도 나쁘지는 않다.

하지만 세일즈 비즈니스에서 특히, 낯선 가망고객과의 첫 통화에서 요구되는 목소리는 신뢰감과 더불어 호감을 줄 수 있는 목소리이다. 이를 결정짓는 것이 바로 '말투'인데, 이해를 돕기 위해 말투의 구조를 살펴보면 아래와 같다.

말의 내용 (텍스트, 스크립트) → '신뢰도'

목 소 리 (억양, 어조, 본새) → '호감도'

이제는 너무나 유명해진 메라비언 법칙에 따르면 사람들은 말의 내용(7%)보다는 시각(55%)과 청각(38%) 순으로 영향을 받게 되고, 결국, 시각적 요소가 배제된 전화 비즈니스에서 목소리의 비중은 절대적이라 할 수 있다.

이 시간은 전화 목소리를 통해 신뢰감과 호감을 전달하는 방법을 알아보는 시간이다. 이를 위해 우리는 실용적이면서도 현장에서 바로 활용할 수 있는 유용한 목소리 연출법에 대해 다룰 것이다.

● **신뢰감과 호감을 전달하는 전화 목소리 연출법**

커뮤니케이션 연구 분야에서 과학적으로 검증되고 국내외 탑 세일즈맨들이 실제 활용하는 연출법들을 엄선하여 정리해 보았다. 평상시에 이를 연습하고 실전에서 활용해 보기를 권한다.

1. 입꼬리 업(Up)

통화를 하기 전 거울을 보고 살짝 미소를 짓는다. 억지 미소라도 좋다. 살짝 미소를 짓는 것 만으로도 약 1.5배 이상 톤 업(Tone – Up)이 되어 호감을 유발하는 효과가 있다고 한다. 통화 중간중간 거울을 보며, 표정이 굳어져 있는 모습이 보일 때마다 의식적으로 입꼬리를 올려 주면서 통화한다.

2. 서서 통화하기

캘리포니아 대학 'Cheap Psychological Trick, By 페리 버핑턴' 연구에 따르면 서서 통화시 분당 10회 이상의 심장박동수가 오르면서 뇌를 활성화시키게 되고 이는 5~20% 정보 처리능력을 향상시켜 높은 집중력을 가져다준다고 한다. 중요한 인물이나 의제를 두고 대화할 때 이를 활용하면 신뢰감이 상승되는 효과가 있다.

3. 멈춤(Pause) 기술

멈춤 기술에는 앞서 배웠던 듣기를 잘하기 위한 기능도 있지만, 말하기를 잘하기 위한 기능도 있다. 듣는 이의 마음을 얻고 싶거나 이것만큼은 꼭 전하고 싶은 메시지 앞에서 잠시 시간을 두는 것이다. 요령은 마찬가지로 2~3초 정도 침을 꿀꺽 삼킨다. 예를 들어 '나는 여의도에 있는 국회의사당에 갑니다' 에서 국회의사당을 강조하고

싶을 경우 '나는 여의도에 있는(2~3초 꿀꺽)국회의사당에 갑니다' 로
하면 된다.

4. 모션(Motion) 통화

실제 고객과 대면하여 이야기하고 있다고 상상하면서 통화하는 것
으로써 존중하는 마음을 담을 땐 한 손으로 전화기를 받치고 통화를
한다든지, 정중한 인사의 말을 할 땐 실제로 자리에서 일어나 인사
를 하는 식이다. 진정성 효과를 줄 수 있다.

5. 경청과 호응의 기술

오프라인 코칭에서 많이 쓰이는 기술을 전화 통화 시에 응용하여 활
용하면 좋다.

· 이어컨텍(Earcontact) : 의자에 바짝 앉아 헤드셋을 끼우고 몸을 앞
으로 15도가량 기울여 경청의 자세를 취한다.

· 미러링(Mirrioring) : "아, 그러시군요", "네, 맞습니다"와 같이 맞장
구를 친다.

· 페이싱(Pacing) : 고객의 말의 속도, 음정에 맞추어 말한다.

· 백트레킹(Backtracking) : 고객의 말을 요약/반복/되묻기 한다. 특
히, 이 기술은 대화를 마무리하는 시점에 활용하면 좋다. 지금까지
나눈 대화를 정리해 줌으로써 프로다운 느낌을 준다.

• 신뢰감과 호감을 반감시키는 말투들

안타깝게도 우리는 평생 자신의 진짜 목소리를 들을 수 없다. 왜냐하면 자신의 귀에 들리는 목소리는 신체 내부의 뼈의 진동을 통해 울리면서 전달되는데 이 과정에서 이미 소리의 왜곡 현상이 발생하여 들리기 때문이다. 그래서 오직 타인만이 나의 진성 목소리를 들을 수 있다. 자신의 목소리를 듣는 유일한 방법은 녹음뿐이다. 사실, 녹음기기도 디지털 신호로 변환되어 들리기 때문에 완벽하다고 말할 수는 없다. 자신의 목소리를 녹음하고 들었을 때 어색하게 들리는 이유이다. 그럼에도 불구하고 녹음을 통해 자신의 목소리를 듣는 것은 매우 중요하다. 어떻게 보면 좋은 목소리를 연출하기 위한 기술습득보다 더 중요할 수도 있다. 가망고객이 싫어하고 부담스럽게 느낄만한 요소들을 나의 말투 속에서 찾아보고 개선하는 일은 신뢰감과 호감을 전달하는데 있어 더 없이 의미 있는 시간이 될 것이다.

1. 판매원 같은 느낌의 말투

쇼호스트처럼 말하지 말고 아나운서처럼 말하라. 상황에 맞는 톤 전략을 말하고자 함이니 특정 직업을 폄하하는 것으로 오해하지 않았으면 한다. 기업 내 결정권자들은 영업사원의 세일즈맨스럽고(salesy), 느끼한(cheesy) 하이톤을 거의 좋아하지 않는다. 자신의 녹음 내용을 들어보고 혹시 이러한 부분이 발견된다면 빨리 제거하라.

2. 과잉 친절의 말투

판매원 같은 말투의 연장선상에 있는 말투다. 과잉 친절은 아예 칭찬을 안 하는 것만 못하다. 과잉 친절을 하는 사람들은 대체적으로 웃음도 헤프다. 스스로 본인의 격을 떨어 뜨리는 느낌을 줄 수 있다.

3. 듣기 거북한 말투

평소 아나운서들의 차분한 나레이션을 많이 듣고 감을 익힌다. 그러다 보면 자연스럽게 듣기에 거북한 말투들이 구별될 것이다. 너무 빠르거나 느린 말투, 너무 크거나 작은 말투, 너무 거칠거나 부드러운 말투, 콧소리가 들어간 말투, 우는 소리 같은 말투 등이다. 더 안 좋은 말투가 있다. 모노톤(monotone)이다. 억양이 없는 밋밋한 말투인 모노톤은 상대에게 주의력을 떨어뜨려 전달 효과를 반감시킨다.

4. 무의식적인 의성어

음, 어, 아, 등과 같은 의성어가 너무 길게 자주 반복될 경우 듣는 사람에 따라 매우 거슬리게 들려 말하는 데 방해가 될 수 있다. 녹음을 통해 자주 확인하고 스스로 의식하는것이 유일한 개선 방법이다.

목소리만으로 특정인의 진정성과 신뢰도를 측정할 수 있을까요? 그리고 좋은 목소리는 어떻게 만들 수 있을까요? 논문 [전화상담 목소리 분석을 통한 신용 파라미터 추출에 관한 연구, by 박종우, 박형우, 이상민는 전화 대출상담 목소리 분석을 통해 신용평가가 가능함을 보여 주고 있습니다.

국내 모 은행의 대출 관련 고객 전화상담의 음성데이터를 기초로 만들어진 이 논문은 신용도에 따라 목소리 변화도를 다각도로 측정해 대출 심사과정에서 신용등급을 부여할 수 있다고 결론을 맺고 있습니다. 목소리에도 많은 신경을 써야만 하는 시대가 다가오는 것 같습니다. 신뢰감과 호감을 주는 목소리는 바른 삶의 태도 위에 만들어 집니다.

그리고 적절한 훈련을 필요로 합니다. '목소리를 깨워라, 삶을 바꿔라'의 저자이자 세계적인 목소리 연구가인 모튼 쿠퍼 박사는 좋은 목소리의 비밀에 대해 이렇게 말합니다. "누구나 타고난 고유의 음정인 C-스팟을 찾아 자신의 목소리를 먼저 내는 게 중요하다." 횡경막 위 명치 쪽에 보면 움푹 들어간 곳이 있습니다.

이곳을 C-스팟이라고 하는데 손가락으로 이 부분을 눌러 허밍을 하면 나오는 소리가 자신에게 가장 편안한 음정의 높이라고 합니다.

유튜브에서 모튼 쿠퍼 박사를 검색하면 관련 영상이 많으니 한번 참조해 보시기 바랍니다.

마지막으로 목소리 훈련에 유용한 책 한 권을 소개해 드릴까 합니다. 일본의 보이스 트레이너 아키타케 토모코가 쓴 '1분 목소리 트레이닝' 이라는 책입니다.

필자가 이 책에 대해 끌렸던 첫 번째 이유는 일본 도쿄대학교의 의과대학과 공과대학 교수들이 이 책의 훈련법에 대해 과학적으로 검증을 해 주었다는 점이였습니다.

그리고 두 번째 이유는 실용성이 뛰어나다는 점입니다. 좋은 목소리를 만들려면 기본적으로 발음, 발성, 억양 세 부분에 대한 고른 훈련이 필요한데, 바쁜 현대인들에게 자투리 시간을 활용해서 쉽고 재미있게 접근할 수 있도록 한 점이 좋았습니다.

좋은 목소리의 궁극적 목표는 듣는이게 편안함을 주는 것이어야 한다고 합니다. 편안함을 바탕으로 신뢰감과 호감을 전달하는 콜드콜러가 되시길 바랍니다.

05

거절의 두려움을 극복하는 궁극의 힘

여기까지 흥미를 잃지 않고 잘 읽어 오신 분들이 계시다면 필자로서는 무척 감사한 일입니다. 단언하건데, 이 책은 분명 여러분들의 프로스펙팅 및 콜드콜링 활동을 성공적으로 도울 것입니다.

그럼에도 불구 하고 유감스러운 말씀을 드리지 않을 수 없을 것 같습니다. 그것은 여러분 중 많은 분들이 실전에서 실패를 맛보고 이내 좌절할 것이라는 점입니다.

그렇지만 너무 실망하거나 자책하지는 마십시오. 지극히 자연스러운 현상이니까요. 한마디로 실전은 또 다른 문제의 영역이기 때문입니다. 실전은 수화음을 타고 들려오는 가망고객의 냉담한 목소리 그 자체이며, 거절과 두려움에 관한 것입니다. 마치, 면접 전략을 철저히 준비해 간 취준생이 정작 면접관 앞에선 횡설수설하는 것과 같은 맥락입니다. 이것은 멘탈(Mental)에 관한 것입니다.

본격적인 이야기에 앞서 야구경기의 통계 이야기를 먼저 드리고자 합니다. 필자는 한 때 사회인 야구를 했을 정도로 야구를 참 좋아하는 데요, 보통 프로야구 경기에서 수준 높은 타자의 기준을 3할로 잡습니다.(10번 타격을 해서 3번 이상 안타를 치는 비율) 미국 메이저리그 같은 경우는 투수들의 경기력이 워낙 뛰어나 2할 5푼 이상만 꾸준히 쳐도 준수한 실력으로 간주합니다.

즉, 어떤 선수도 7번 아웃을 당할 때까진 좌절하지 않습니다. 팬들역시 가혹하게 비난하지 않습니다. 이것은 오랜 시간 축적된 통계 데이터에 대한 신뢰와 암묵적 합의가 있기 때문입니다.

물론, 세 번 연속 삼진아웃이나 5번 연속 범타를 치면 모두가 실망을 합니다. 이 때, 재치 있는 선수들은 기습번트 등을 통해서라도 어떻게든 진루를 하기위해 애를 씁니다.

왜일까요? 슬럼프에 빠지지 않기 위해서입니다. 슬럼프에 빠지는 이유는 여러가지가 있겠지만 멘탈과 관련된 부분이 많습니다.

사실상, 리그에서 주전으로 뛰는 타자들의 타격 기술은 이미 검증이 되었다고 봐야 합니다. 하지만 멘탈이 무너지는 순간 제아무리 최고 수준의 타자라 할지라도 자신의 스윙을 못 하게 됩니다. 몸이 말을 듣지 않습니다. 이것은 기술의 문제가 아니라 멘탈의 문제입니다.

그리고 멘탈의 문제는 기술로 극복되지 않습니다. 콜드콜링에서도 약속 잡기 성공률이 25%면 꽤 높은 수준입니다. 이 역시 75% 가까운

– 유사 거절을 포함한 – 거절을 동반한다는 사실을 알아야 합니다. 사실, 아무리 최고 레벨의 콜드콜러라 할지라도 거절의 문제로부터 자유로울 수 있는 사람은 없습니다. 이를 극복하는 방법 중 하나로 우선 신뢰할만한 자기 통계데이터를 확보해야 합니다.

10번이 아닌 100번의 시도가 필요한 이유는 통계의 신뢰도 때문입니다. 그리고, 가급적 빠른 시간 안에 한 건의 약속잡기라도 성공을 만들어내는 것입니다. 우리도 일종의 기습번트를 감행하는 것입니다. 팁을 하나 알려 드린다면 비교적 손쉬운 타겟을 골라 약속 잡기를 시도해 보시기 바랍니다. 중간중간 작은 성공을 누리지 않고 다음 행보를 이어가기란 여간 어려운 것이 아닙니다.

다음은 동기부여에 관한 이야기입니다. 거절로 인해 발생하는 두려움을 근본적으로 차단하는 방법은 없습니다.

하지만, 우리는 끊임없이 스스로에게 동기부여를 해줌으로써 극복해 나아갈 수 있습니다. 물론, 이 역시 필자가 도울 수 있는 한계는 분명합니다. 안내까지는 해 드릴 수 있어도 실전에서의 동기부여는 여러분 스스로가 만들어가야 하기 때문입니다.

위의 이야기를 요약하면 '시도하고 동기부여하고, 시도하고 동기부여하고..'의 연속이라 말할 수 있겠습니다. 자기계발 및 동기부여 전문가 앨런 짐머맨 박사는 그의 저서 '피봇(Pivot): 틀고 바꾸고 비틀어라'에서 말하길 삶에 있어 역경을 돌파하는 힘은 믿음과 선택에 관

한 문제라고 이야기하면서 필터 이론을 주장합니다. 그의 메시지를
이해를 돕는 차원에서 약간 각색해 보았습니다.

· 믿음이란 어떤 필터를 선택하여 보는가에 관한 문제이다. 당신이
파란색 필터를 끼고 바라보면 세상은 온통 파란색이 될 것이고, 빨
간색 필터를 끼고 바라보면 빨간색으로 보일 것이다. 나머지는 개의
치 않아도 된다. 중요한 것은 뭔가 아니다 싶고, 마음에 들지 않을
때, 언제든 당신 스스로가 필터를 교체할 수 있다는 사실이다.

스스로를 동기부여 하는 힘의 원천은 오직 스스로 그려낸 결과를
믿음으로 상상하며 그저 뚜벅뚜벅 걸어가 보는 데서 나오는 것입니
다. 걷다 보면 흐린 하늘도 마주하게 됩니다. 이때, 긍정의 필터를 장
착한 사람은 흐린 하늘이 걷힐 것을 기대하며 맑은 하늘을 바라볼 수
있지만 부정의 필터를 착용한 사람은 맑은 하늘에서조차 기쁨을 누리
지 못합니다. 단순한 정신 승리를 외치는 구령들, 가령, "포기 하지마,
힘을 내, 유 캔 두 잇" 과 같은 것만으로는 지속 가능한 동기부여를 유
지하기가 힘듭니다.

· 두려움의 실체 바라보기
수많은 콜드콜을 하면서 어느 순간 자각이 올 때가 있었다. 가망고

객은 나에게 아무런 해를 입히려 하지 않았고, 그저 거절만 했을 뿐인데 도대체 왜 나는 두려움을 느꼈던 것일까? 문제는 그 두려움이 다음 콜 시도로까지 연결되어 증폭되고 있었다는 점이었다. 더욱 재미있는 것은 다음 콜 시도를 한 가망고객은 호의적이기까지 했다는 것이다. 즉, 두려워할 필요가 없었던 것이다. 이로써 필자가 느낀 두려움은 가짜라는 것이 증명된 셈이다. 우리는 두려움에 대해 좀 더 열린 마인드를 가지고 대할 필요가 있다. 두려움에 대한 다양한 고찰을 통해 자신에게 맞는 대처법을 적용해 보도록 하자. '고성능 세일즈 훈련 : High Performance Sales Training, By Lee Boyan, Rosalind Enright' 이라는 책에 두려움과 관련한 심리적 현상을 다룬 부분이 있다.

· 우리가 두려움에 휩싸인 순간, 그것을 떨쳐내는 것은 정말 어렵다. 그리고 두려움은 점점 더 오래 머무르면서 우리 안에 내재화되고, 우리의 행동을 부정적으로 이끈다.
엘리자베스 퀴블러 로스와 데이비트 케슬러의 공저 '인생수업' 에는 두려움에 대한 독특한 통찰들을 담고 있다.

· 두려움(FEAR)이란 '실제처럼 보이는 가짜 증거 False Evidence Appearing Real' 이다. 이것은 실제는 존재하지 않지만, 마치 실제

처럼 보여 우리의 발전을 가로막아 아무것도 시도하지 못하게 하는 힘을 지니고 있다.

· 두려움은 사랑, 진실된 감정, 행복, 자기 존재의 확인에 이르기까지 모든 것을 가로막는 그림자이다.

· 사랑이 있는 곳에 두려움이 차지할 자리는 없다. 사랑을 하면서 동시에 두려웠던 적이 있는가? 그것은 불가능하다.

· 두려움을 제대로 처리하지 못하면 분노로 변한다. 또한 두려움을 회피하거나 자신이 두려워한다는 것조차 알지 못할 때 그것은 화로 변한다. 그 화를 처리하지 않으면 심한 분노가 된다.

자신의 일을 진정으로 사랑할 수 있을 때 두려움은 극복할 대상이 아닌 이미 극복되는 것이라고 볼 수 있다. 반대로 자신의 일을 진정으로 사랑할 수 없을 때 두려움은 화와 분노로 변모하여 우리가 하는 일을 포기하게 만들기도 한다.

• 역설적 의도(Paradoxical Intention)

두려움과 그 누구보다 치열하게 싸웠던 오스트리아의 정신과 의사이자 '죽음의 수용소에서'를 쓴 빅터 프랭클은 우리에게 두려움을 극복할 수 있는 하나의 처방전을 제시해 준다.

그는 제2차 세계대전 당시 아우슈비츠에서 수많은 두려움을 마주했고 마침내 살아남았다. 그는 역설적 의도(Paradoxical Intention)를 통해 두려움의 실체를 또렷이 바라봄으로써 이를 극복할 수 있다고 말한다.

우리가 흔히 접하는 수면장애를 예로 들어보자. 내일 중요한 일로 일찍 자야 하는데 도대체 잠이 오지 않는다. 온갖 방법을 다 써봐도 효과가 없다. '이거 큰일이군', 하면서 조바심을 낼수록 의식이 더 또렷해지고 뜬 눈으로 새벽까지 뒤척이게 된다.

이 같은 수면장애는 과잉 의도의 대표적인 사례인데, 자야만 한다는 과도한 바람이 오히려 잠을 이루지 못하게 하는 것이다. 이럴 때는 될 수 있는 대로 오래 깨어 있으려고 애써보는 게 한 가지 방법이 된다. 잠을 자야 한다는 과잉 의도는 잠을 이루지 못할 거라는 예측 불안에서 생겨난 것이므로, 잠들지 않겠다는 역설적 의도로 바꿔보는 것이다. 그러면 더 빨리 잠에 빠져들 수 있다.

역설적 의도는 두려움이 두려움을 낳으며 과잉 의도는 오히려 바라는 것을 이루지 못하게 한다는 이중적인 사실로부터 출발한다. 프랭클 박사는 땀을 많이 흘리는 것을 두려워하던 어느 젊은 환자의 사례를 들려준다. 이 환자는 땀을 많이 흘릴 것이라고 생각할 때마다 이 예측 불안으로 인해 땀을 지나치게 많이 흘리게 되는 것이었다. 그가 이 환자에게 해준 충고는, 또 땀이 나려고 할 때는 이렇게 마음먹어보라는 것이었다.

"그래, 내가 땀을 얼마나 많이 흘릴 수 있는지 사람들에게 보여주자" 이 환자가 1주일 뒤 찾아와서는 기쁜 소식을 전해 주었다. "예측 불안이 일어날 때마다 '전에는 땀을 1리터밖에 못 흘렸는데, 이번에는 최소한 10리터를 흘려보자'고 속으로 생각했습니다.

그러자 땀 공포증으로 4년간 고생했는데, 1주일도 채 안 돼 그 공포에서 벗어났습니다." 환자의 태도가 반전된 데 주목해보라. 그의 두려움이 역설적인 소망으로 대체되면서, 즉 땀을 흘리는 것을 두려워하던 태도가 오히려 땀을 많이 흘리고 싶어하는 태도로 바뀜으로써 그의 불안한 심리도 가라앉은 것이다.

콜을 시도할 때 "아예 100번 이상 거절을 당해보는 거야", "내가 아무리 전화를 해도 친절하게 대해 줄 사람은 없을 꺼야, 안내데스크 직원은 까칠하고 퉁명스럽게 나를 대하겠지", "나는 대기업에 전화할 때마다 심장이 쿵쾅거리고 말도 더듬고 정말 두려워, 그들은 정말 악마 같아."와 같이 두려움의 대상을 또렷하게 그려서 마주해 보자.

역설적 의도가 누구에게나 항상 특효를 발휘한다고는 할 수 없겠지만 콜드콜러의 강박관념과 두려움을 극복하는 또 하나의 유용한 방법이 될 수 있다.

•동기부여 시스템 구축하기

두려움은 맞서서 싸울 대상이기보다는 오히려 그 위력을 받아들이고 역이용하는 편이 낫다. 여름철 홍수의 위력은 무섭지만, 댐 건설을 통해 전력을 만들고 농업용수로 활용하는 것처럼 말이다.

기억하시는가? 앞서 필자는 '징크스 시스템'이라는 개인적인 마인드 셋 장치를 마련하여 최대한 긍정적인 상황으로 통화가 끝날 때까지 콜 시도를 멈추지 않았다고 말했다. 이것은 보다 적극적으로 두려움을 극복하기 위한 필자만의 동기부여 장치였다.

그런데 심리학자로서 노벨 경제학상을 받은 다니엘 캐더만 교수는 간단한 실험을 통해 이러한 동기부여 장치의 효과성을 증명해 주었다. 그는 말하길 현재 자신이 하고 있는 일에 대해 느끼는 경험 자아와 지나간 경험을 회상하고 평가하는 기억 자아가 반드시 일치하지 않기 때문에 사람마다 어려움에 대처하는 태도에 차이가 생긴다고 했다. 그의 흥미로운 검사 결과가 있다.

- A 그룹 : 고통스러운 검사를 8분간 지속
- B 그룹 : 고통스러운 검사를 24분간 지속 단, 갈수록 완화

1차 검사 후 1시간이 흐른 뒤 다시 검사를 받을 의향이 있느냐는 질문에 놀랍게도 A그룹보다 B그룹의 환자들이 훨씬 더 긍정적인 대답

을 하였다. B그룹은 A그룹 환자들보다 더 많은 고통의 시간을 보냈음에도 결과적으로는 검사를 덜 고통스럽게 기억한 것이다.

이유는 A그룹의 경우 검사가 고통스러운 순간에 끝났기 때문에 계속 고통스럽게 기억을 하고, B그룹의 경우는 고통이 점차 감소하다가 줄어들면서 끝났기 때문에 훨씬 덜 고통스럽게 기억하기 때문이다. 결국, 두려움을 대하는 태도 역시 '기억하는 자아'에 따라 달라진다는 것을 알 수 있다. 기억 자아는 자신의 경험에 대해 긍정적인 의미를 끊임없이 부여한다고 한다.

이 실험을 통해 우리가 얻을 수 있는 교훈은 우리가 경험하는 것들에 대해 긍정적인 기억으로 잔상을 남길 수 있어야 한다는 것이다. 여기에는 약간의 인위적인 노력이 필요하다.

자신만의 시스템을 구축하고 스스로에게 동기부여를 주는 것이다. 이를 인간관계에서도 적용하면 좋다.

모든 면에서 사람들을 만족시킬 수는 없겠지만 자신만의 매력 하나를 긍정적인 이미지로 남게 만드는 것이다. 두려움을 완전히 제거하는 것은 불가능하지만 약간의 노력을 통해 충분히 제어해 나아갈 수는 있다. 언제나 마지막 통화를 긍정적으로 마무리하자.

• '초점의 오류' 벗어나기

초점의 오류(focusing illusion)는 우리가 인생의 한 면에 집중할수록, 그것이 우리 인생에 미치는 것을 과대평가하게 된다는 개념이다. 마라톤은 기록 경신을 목적으로 한 경기이기도 하지만 완주가 목적이 되기도 한다.

오직 기록에만 초점을 두고 달리다 보면 완주가 가져다주는 기쁨을 놓칠 수 있다. 또, 집은 투자의 목적도 되지만 동시에 주거의 목적도 된다. 시세차익의 목적에만 너무 집중하다 보면 주거에서 주는 참 행복을 잊고 살 수 있다.

이렇듯 목적을 다양화하고 선택의 폭을 넓힐수록 목표 미달성에서 오는 불행감의 크기를 줄일 수 있다. 이제 여러분들은 프로스펙팅의 개념을 알기에 목표 선택의 폭을 확장함으로써 두려움을 제어할 수 있다. 거절의 두려움은 여전히 우리의 콜드콜 시도를 방해하지만, 콜 시도의 목표를 확장하는 플랜 B(2차, 3차 목표)를 가동할 때 완충지대는 넓어지고 충격은 흡수된다. 명쾌한 거절은 오히려 새로운 가망고객의 DB를 추가하는 기회가 되는 것이고, 구매나 약속에 대한 미온적 태도는 그 원인을 알아보는 또 다른 영업기회로 활용하면 된다.

'프로스펙팅엔 거절이 없다' 라는 말이 있는 이유다. 초보자는 거절을 당하면 보통 감정적으로 반응한다.

그래서 기분이 다운되고 후속 콜을 진행하지 않는다. 그들은 사람에 집중하고 YES를 받아내는 데 목표를 두기 때문이다. 반면, 노련한 콜드콜러는 시도 자체에 의미를 두고 사람이 아닌 사안에 집중한다.

가망고객이 거절하는 이유는 지금의 상황과 조건이 적절치 못한 데 기인할 것이라는 가능성을 배제하지 않는다.

또한 상황은 언제나 바뀔 수 있음을 알기에 향후의 더 큰 영업기회를 기대하며 후속콜을 감행한다. 그들이 이렇게 쿨할 수 있는 이유는 초점의 오류에 머무르지 않는 확장적 사고를 지녔기 때문이다.

그리고 그들의 마음속엔 늘 이러한 문구가 선명하게 새겨져 있다. '당신을 거절하는 유일한 것은 오직 당신의 생각뿐이다'

• 조직의 상층부를 공략하기

콜 시도에도 두려움을 느끼는데 조직의 상층부를 공략하라는 말에 의아해하시는 분들이 계실지도 모르겠다. 대부분의 콜드콜러들은 조직 내 중간관리자들 혹은 담당자들과 주로 접촉을 하게 된다.

하지만 이들과의 접촉엔 꽤 빈번한 시간 끌기와 결정권 없음으로 인한 희망고문식의 거절이 늘 따라다닌다.

또한 종종 마주하는 예의 없는 태도와 공손하지 못한 말투는 전형적인 직장인 마인드를 보여준다. 사실 이러한 것들이 가장 두렵다.

하지만 우리는 비즈니스를 원한다. 우리가 조직 내 상층부를 공략하려는 이유는 정확한 정보를 주고받을 수 있는 비즈니스를 하기 위함이다. 합리적이고 이유 있는 제안에 그들은 빠른 의사결정으로 시간과 비용을 줄여준다. 대화가 오히려 쉽게 전개되며, 때론 높은 가격도 반영된다. 설사 조건에 맞지 않는 제안을 하더라도 적절한 피드백을 곁들여 이유 있는 거절을 해온다.

이때의 거절은 두려움이 아닌 사안의 진지함으로 다가오기에 아무런 문제가 되지 않는다.

오히려, 더 나은 제안을 위한 기폭제가 된다. 앤토니 파리넬로의 저서 '최고 결정권자를 움직이는 영업기술'에서는 다음과 같이 그들을 기술한다.

· 최고 결정권자들은 매우 단도직입적이다. 그들의 관심사는 매출 증대, 효율성 제고, 비용 절감등을 통해 기업의 순이익을 증가시키는 데 있다. 그들이 제일 싫어하는 것은 시간을 낭비하는 것이다. 당신이 그들의 시간을 낭비하지 않도록 한다면, 당신이 받을 수 있는 보상의 규모는 엄청날 것이다.

해당 조직에 대한 큰 그림을 그리고, 조직의 상층부를 공략하라. 두려움은 뜨거운 열정으로 사라지게 될 것이다.

• 도전적인 목표

도전적인 목표는 두려움을 극복하고 전진하게 만드는 강한 힘이 있다. 도전적인 목표는 더 크고 높은 곳을 바라보게 하며, 성장과 더

불어 기대 이상의 결과를 만들어 내기도 한다.

그렇다면 어떻게 도전적인 목표를 설정할 수 있을까?

첫째, 주도적이어야 한다. 설사, 회사에서 내려준 목표라 할지라도 자신만의 세부 목표로 다시 세워야 동기부여 효과가 크다.

둘째, 다소 버겁다고 느껴지는 목표를 세운다. 너무 과한 목표도 문제지만 달성 가능한 목표는 자신의 역량을 제한하게 된다.

셋째, 왜 이 목표를 달성해야만 하는가에 대한 이유와 기한을 정한다. 맹목적으로 목표만을 향해 달려갈 경우 위기에 취약해질 수 있으며, 기한이 없는 목표는 긴장감을 떨어뜨려 역량을 반감시킨다.

필자가 이 책을 쓰게 된 계기도 약속 잡기에 대한 도전적인 목표 설정에서 비롯되었다고 할 수 있다. 구글링을 통해 대한민국 1,000대 상장사 기업을 모두 리스트업 했고, 매출 규모 1등기업부터 순차적으로 접촉을 감행해 나아갔다.

대기업은 난공불락의 철옹성이 아니다. 철저한 준비와 당당함을 갖추면 대기업 직원들만큼 대화하기 편한 상대도 드물다.

그런 과정에서 하나의 성공사례를 경험하게 되면, 자신감이 붙고 자연스럽게 또 다른 목표를 향하게 된다.

무엇이든 처음이 어렵지 조금만 참고 꾸준함을 유지하면 흥분을 느끼는 순간이 곧 다가온다. 인간의 뇌 속에는 신경세포 간에 신호를 전달하는 신경전달 물질이 존재한다. 이 중, 도파민은 목표를 설정하고 성취를 지향하는 것과 직접적인 관련이 있는 물질인데, 이 물질을 강화하면 할수록 변화와 도전에 대한 의지가 강해진다고 한다.

케빈호건의 저서 '통쾌한 설득 심리학'에서는 이를 도파민 러시(Dopamine Rush)로 설명하고 있다.

> • 어떤 경험으로 인해 뇌가 도파민 러시에 흠뻑 젖어 충분한 쾌감을 맛보게 되면 그 변화를 만끽할 수 있다. 도파민 러시는 보통 안정된 현실 대신 불확실한 미래를 선택할 때 일어난다. 안정되고 편안한 상황 속에서는 잘 분비되지 않는다. 불확실함과 고통을 수반하는 목표는 도파민 러시의 희열을 동반한다.

원래 우리의 뇌는 동일한 자극에 대해 싫증을 느끼게 되어 있다. 그러나, 매너리즘에 빠진 경우 뇌의 감각은 무뎌지고 변화와 도전을 거부하게 된다. 거기엔 성장도 발전도 없다. 도전적인 목표를 설정하여 도파민 러시를 경험하자. 어느덧 두려움은 사라지고 성취자의 모습으로 변한 여러분의 모습을 바라보게 될 것이다.

여러분은 이제 수화기를 들기 전 어떠한 마음가짐을 가지고 콜 시도를 하시겠습니까? 필자는 여러분이 좀 더 과감해지셨으면 좋겠습니다. 어차피 대부분의 가망고객을 여러분의 편으로 만들 수는 없습니다. 고객의 거절을 의식하기보다는 여러분이 해야 할 말을 자신 있게 말하는 편이 훨씬 낫습니다. 거절의 두려움을 극복하는 궁극의 힘은 여러분 자신에 대한 믿음의 크기에 비례합니다.

만일, 여러분이 기대해야만 할 무언가가 있다면 긍정적인 결과를 기대하십시오. 그래서 우리 모두는 좀 더 낙천적일 필요가 있습니다.

"나로 말할 것 같으면 긍정주의자인데, 다른 주의자가 되어 봤자 별 쓸모가 없어 보였기 때문이다."

– 윈스턴 처칠

PROMISE

PART

제5장
아무도 알려주지 않는
즉문즉답 : Q & A

• • •

"

우리는 실패의
경험으로부터 더 강해졌다
- 스티브 잡스 -

"

아무도 알려주지 않는
즉문즉답 : Q & A

Q. 전화하기에 좋은 요일과 시간대가 따로 있나요?

상식이라는 틀은 우리를 안전지대로 인도하기도 하지만, 보다 생산적일 수 있는 창의적인 기회를 앗아가기도 합니다.

월요일 아침 대부분의 기업은 각종 회의로 분주할 것이기 때문에 우리의 상식은 전화하지 말라고 하죠. 하지만 결정권자들의 사무 환경은 다릅니다. 그들은 오전 7시대에도 출근을 해서 조용히 신문을 읽거나 여유롭게 한 주간의 일정을 점검하기도 합니다.

필자는 월요일 아침 8시경에 전화를 하여 그들과 통화를 한 적도 있었는데, 차분하면서도 여유로운 대화를 할 수 있었습니다. 우리의 상식은 점심시간을 12시-1시만을 가리키고 있어 그 시간대에는 전화하지 말라고 하지만, 최근 기업들을 보면 점심 시간대가 오전 11시부터 오후 2시 까지 넓게 펼쳐져 있음을 알 수 있습니다.

언뜻 생각해 보면 금요일 늦은 오후나 퇴근 이후 시간대는 효율이 떨어지지 않을까 생각할 수도 있겠지만 필자의 경험에 비추어 보면 오히려 그 반대인 경우도 많았습니다.

심지어 어떤 고객에겐 직접 물어보기도 했는데 금요일 늦은 오후가 주말을 앞두고 있어 일도 슬슬 마무리하는 시간대라 바쁘지도 않고 기분도 좋아 대화하기가 더 편안하다고까지 말해 주었습니다. 금요일 저녁까지 남아 있는 사람들 중엔 일 중심적인 사람들이 비교적 많습니다. 그들은 일을 좋아하는 사람들이라 일로 전화한 필자를 이상하게 여기지 않았습니다.

어느 콜드콜러는 주말에 전화하여 CEO와 통화를 하기도 했으며, 제록스의 한 영업사원은 3일 동안의 폭설로 모든 도시가 폐쇄된 기간 사무실을 지키던 사장과 통화하며 큰 세일즈 실적을 달성했다고도 합니다. 이 모든 것은 상식으로부터 벗어났기에 가능했습니다.

관련된 조사를 하다 보니 콜드콜을 하기 좋은 요일과 시간대를 측정한 자료가 있어 필자의 관심을 사로잡았습니다. 어떻게 이런 걸 다 조사하나 싶었습니다. 하지만 약간의 고민도 되었습니다.

이 자료에서 제시된 결과에 모두가 공감하지 않은 이유도 있었지만, 분명 누군가에겐 제시되지 않은 요일과 시간대 이외엔 콜 시도를 하지 않을 핑곗거리가 될 수도 있겠다 싶었기 때문입니다. 그럼에도 불구하고 이런 객관적인 자료를 볼 수 있다는 것은 매우 흥미로운 일이 아닐 수 없습니다. 자료의 출처는 www.SellingPower.com 이며,

켈로그 경영대학원의 제임스 올드 로이드 박사의 연구를 인용하여 게재했습니다.

연구는 약 50개 기업을 대상으로, 수천 명에 달하는 세일즈맨들의 콜드콜 녹음 기록을 분석하였고, 100만콜 이상을 통계적으로 측정하고 분석했다고 합니다. 결과는 다음과 같습니다.

- 영업 기회를 컨텍하기에 가장 좋은 날은 목요일이다.
- 목요일은 컨텍하기 가장 좋지 않은 날 즉, 금요일 보다 약 20% 이상 결과가 좋았다. 다른 요일은 비슷했다.
- 전화하기 가장 좋은 시간대는 오전 8시에서 오전 9시 사이였으며, 그다음으로 좋은 시간대는 오후 4시에서 오후 5시 사이였다. (오전 8시에서 오전 9시 사이는 오후 1시에서 오후 2시 사이 대비 164% 이상 결과가 좋았다)

이 결과에는 몇 가지 맹점들이 있긴 합니다. 세일즈맨들의 통화 내용이나 역량 수준 등이 언급되지 않았다는 것입니다.

하지만 올드 로이드 박사는 강조합니다. "가장 중요한 것은 언제 성공하고 언제 실패하는지에 대한 세일즈맨 자신의 데이터를 측정하고 분석하는 것이다."

마지막으로 몇 가지 팁을 드린다면, 첫째, 해당 기업의 안내데스크나 다른 직원들을 통해 통화 대상자의 통화 가능 시간대를 파악하여 콜 시도를 하십시오. 가장 안전한 방법이 될 것입니다.

둘째, 따로 방해받지 않는 자신만의 시간대를 정해 두고 꾸준히 시도하십시오. 콜드콜러 본인이 가장 편안하다고 느껴질 때 성공률은 더욱 높아집니다.

셋째, 이슈의 시급성이나 중요도가 가망고객에게 가치 있다고 판단될 경우 개의치 말고 언제든 시도하십시오. 가치 있는 제안은 따로 시간을 정해서 할 필요가 없습니다.

Q. 지인 추천에 의한 콜 시도가 성과 측면에서 콜드 콜과 별 차이가 없다는데 맞나요?

정식 세일즈 용어는 아니지만 콜드콜(Cold call)의 반대 개념으로 웜콜(Warm call)이란 말도 종종 쓰입니다.

맨땅에 헤딩이 아닌 지인 추천 또는 마케팅 활동에서 얻어진 인바운드 문의에 대한 콜시도를 보통 일컫습니다. 그런데, 대중들의 일반적인 믿음과는 달리 실제 그 성과적인 측면에서 콜드콜과 웜콜이 크게 차이가 나지 않는다는 의견이 있습니다.

세일즈 트레이너 베리 디 카포니는 그의 저서 '작동하는 콜드콜링 : Cold Calling Does Work, VOLUME 1'에서 다음과 같이 말합니다. "핵심은 웜콜이라 하더라도 우리의 약속 요구를 거절하는 경우가 생각보다 많다는 점이며, 단지 정중한 거절을 할 뿐이다." 결국, 추천자의 입장을 고려하여 저항이 약해 친절하게 보일 뿐이지, 거쳐야 할 과정과 구매 전환을 위한 노력은 콜드콜과 거의 비슷하다는 것입니다.

세미나나 신제품 발표회에서 관심을 보이며 명함을 넣어 두고 간 고객들에게 전화를 하면 의외로 부정적으로 반응한 경우를 심심치 않게 보게 됩니다.

심지어 어떤 세일즈맨은 상담까지 한 분들 중 일부러 모른 척 해오는 분도 있었다고 필자에게 말해 주기도 했습니다. 자의적으로 참여하지 않았거나 사은품에 눈이 멀어 명함 한 장 두고 간 경우가 생각보다 많음을 알 수 있는 대목입니다.

이것은 아주 자연스러운 현상이라고 생각됩니다. 가망고객의 마음은 언제나 변할 수 있는 것이니까요. 우리가 유념해야 할 것은 웜콜이든 콜드콜이든 세일즈의 기본을 망각해서는 안 된다는 점입니다.

미소 지어 주는 모든 이성이 자신을 좋아해서 그런다고 착각해서는 안되는 이유와 같습니다.

Q. 후속 전화를 계속 시도해야만 하는 이유는 무엇인가요?

우리는 본문에서 이 질문에 관한 꽤 설득력 있는 통계적 근거들을 알아보았습니다. 그럼에도 불구하고 필자는 또 다른 이유 하나를 말씀드리고자 합니다.

여러분께서는 지금까지 보험 상품을 몇 번이나 구매해 보셨나요? 아무리 못해도 최소한 두 번쯤은 가입하지 않으셨을까 싶습니다.

한때는 필자도 수많은 보험 세일즈맨들로부터 구매 제안을 받은 적이 있습니다. 하지만 전 보험을 여러 이유로 좋아하지 않았습니다. 그러던 제가 어느 날 암 보험을 하나 가입하게 되었습니다.

이유는, TV에서 우리나라 중년 남성들의 암 발병률이 세계 1등이라는 프로를 본 것이 계기가 되었는데 그때 제 나이가 막 40세가 되던 해였습니다.

건강과 질병을 생각하게 된 나이가 온 것이였죠. 때마침 전화를 해온 보험 세일즈맨은 순풍에 돛을 단 듯 순조롭게 필자로부터 상품 하나를 판매할 수 있었습니다.

이런 일이 생긴 이유는 저의 구매 우선순위가 바뀌었기 때문입니다. 만일, 이 프로를 39세때만 봤더라도 필자는 구매하지 않았을 것입니다. 제 기억에 당시 골프에 빠져 있던 필자는 분명 골프 관련 용품을 구매했을 가능성이 더 높습니다.

우리는 왜 후속 전화를 계속해서 시도해야만 할까요? 단지, '통계적으로 6번까지는 콜 시도를 해야 접촉률이 최대치가 된다' 는 것은 너무나 기계적으로만 들립니다.

하지만 우선순위의 문제는 기업의 구매 주기와 관련되며, 생물처럼 변화하는 기업 시장에 대한 관심의 문제이기도 합니다.

상반기에 고려했던 구매계획이 후반기로 밀릴 수도 있고, 고려는 하고 있었지만 다른 여러 일들로 인해 우선순위에 밀려 있는 구매 계획도 있을 수 있습니다. 또한 국가의 정책이나 사회적 변화로 인해 새롭게 구매 우선순위로 올라설 수도 있습니다.

우리 모두는 언제나 확보된 시간보다 더 많은 일을 해야만 하는 세상에 살고 있습니다. 꽤 훌륭한 어떤 제안을 받았다 할지라도 그래서 흥미가 느껴지더라도 그 제안이 바로 즉시 우선순위 상단 목록에 위치하는 일은 드뭅니다.

보통은 쌓아 두어진 채로 있다가 해당 이슈가 떠올랐을 때 진행될 가능성이 높습니다. 할 수 있는 대로 콜드콜러가 후속 전화를 계속 시도해야만 하는 이유는 그 해당 이슈가 언제 떠오를지 아무도 모르기 때문입니다. 어떤 면에선 통계가 주는 숫자보다 더 중요한 문제라고 생각됩니다.

4차 산업혁명 시대를 살아가는 오늘날에도 여전히 '인내' '꾸준함' 등이 칭송받는 데는 다 이유가 있는 법입니다. 포기하지 마시고 꾸준히 시도하세요.

Q. 첫 콜 시도 후 시간이 한참 지났을 경우 언제 어떻게 후속 전화를 해야 할까요?

후속 전화에 대해 부담을 가지시는 분들이 종종 계십니다. 첫 콜을 한 지 한참 지났는데 다시 하려니 뭔가 어색하다는 것이었습니다. 이런 경우는 보통 첫 콜에서 강력한 임팩트를 주지 못해 자연스럽게 다음 콜로 이어가지 못 했거나 일정 관리를 잘 못 해 시기를 놓친 케이스에 해당합니다.

결론부터 말씀드리면 이슈 메일을 보낸 후 메일을 확인하는 명분으로 다시 전화하면 됩니다. 이때, 메일을 보내고 난 후 약간의 간극을 두십시오. 가령, 오전에 보내 놓고 오후에 전화를 한다든지, 이번 주에 보내 놓고, 다음 주에 전화를 하는 식으로 말이죠.

간단한 질문 형식의 메일을 보내면 답장을 받을 수 있어 후속 통화가 한결 편해질 수 있습니다. 반대로, 답변도 없고 전화를 했는데도 전혀 기억이 없는 사람처럼 반응한다면 그냥 자연스럽게 – 마치 처음처럼 – 대화를 전개해 가면 됩니다.

지난번 통화에서 특별한 이슈가 없었다면 굳이 예전에 통화했었다는 사실을 알릴 필요는 없습니다. 오랜만에 전화한 사실을 부정적으로 받아들일 수도 있으니까요. 그리고 어떤 시간대에 전화를 하면 가장 편하게 통화할 수 있는지 물어서 적어 놓으시기 바랍니다.

이후에는 개인 스케줄러나 컴퓨터 등에 알람 설정을 해 두고 누락

됨 없이 전화하세요. 후속 통화에서 중요한 건 역시 메모입니다. 소소한 개인적인 일상사에서부터 업무 이슈까지 빠짐없이 적어 놓으십시오. 다음 통화에서 요긴하게 쓰일 것입니다.

Q. 특정 부문의 결정권자 정보를 알아내기가 힘들 때 어떻게 하면 좋을까요?

재무담당 이사와 같이 대표자가 아닌 특정 부문의 결정권자 정보를 알고 싶은데, 회사 홈페이지에는 조직도만 그려져 있고 이름, 연락처, 이메일 등 어떠한 정보도 찾아볼 수 없는 경우가 있습니다. 거기에 안내데스크 직원의 협조를 구하는 데에도 애를 먹는 경우 어떻게 하면 이들의 기본 정보를 알아낼 수 있을까요?

해당 회사의 홈페이지 내에 보면 대표 이메일이나 문의하기 (Contact Us) 이메일 주소가 나와 있을 것입니다. 이곳에 아래와 같은 내용을 담아 이메일을 보내도록 합니다. (자체 메일 수신 시스템이 있는 경우도 있음)

"재무 담당 이사님께 중요한 제안서를 보내드리고 몇 가지 상의를 드리고자 합니다. 하지만 귀사의 홈페이지를 살펴봤지만 이사님의 이름과 연락처를 찾을 수가 없었습니다. 알려주시면 감사하겠습니다"

혹은, 해당 회사의 제품 구매나 구매 정보를 얻고자 하는 목적처럼 이메일을 보내면 보다 신속한 답장을 받을 수도 있습니다. 추신란에 담당 영업사원의 이름과 연락처를 알려달라고 남깁니다.

이후, 영업사원 컨텍을 통해 원하는 정보를 알아내도록 합니다. 어느 회사나 대체적으로 영업사원은 호의적이어서 기대이상의 많은 정보를 얻을 수도 있습니다.

Q. 전화하자마자 가격 정보부터 알려달라는 경우엔 어떻게 해야 하나요?

통화 초반에 가격이나 판매 정책과 같이 민감한 사안을 단도직입적으로 묻는 가망고객들이 있습니다. 다 그런 것은 아니지만 이런 고객들은 많은 경험 정보를 가지고 있어서 상품이나 솔루션에 대한 기대치가 별로 없을 가능성이 높습니다.

원하는 정보를 선뜻 주었을 경우, 그 정보가 그들의 기대치를 충족시키지 못하면 그들은 통화를 마무리하려고 할지도 모릅니다.

한순간에 주도권을 빼앗겨 말려드는 꼴이 됩니다. 그럼 어떡해야 할까요? 가격에 대한 정보는 최대한 모호하게 답변하는 게 좋습니다. 요령은 다음과 같습니다.

· 현재 시점에서 제공할 수 있는 최대한의 정보인 것처럼 말한다.

- 조건을 설정하여 최소 가격과 최대 가격 형태로 말한다.
- 레이블링 기술을 이용해 주도권을 되찾아 온다.

"현재 귀사에 대한 정보가 부족하여 정확한 가격 정보를 드리기는 어렵습니다만, 크게 두 가지의 상품 타입이 있습니다. A 타입은 개별 직원들에 대한 프로그램으로써 최소 금액이 인당 30만 원부터 시작되고, B 타입은 팀별 할인가격이 적용되어 최대 금액은 500만 원입니다. 귀사에 대한 정확한 가격 견적을 위해 몇 가지 질문을 드려도 되겠습니까?"

위의 예문에서 마지막 질문 형식이 '레이블링' 기술입니다. 레이블링 기술은 곤란한 질문을 보류하고 대화의 주도권을 가져오는 매우 유용한 기술입니다. 아래의 비슷한 표현을 잘 숙지하고 활용하면 좋습니다.

"궁금한게 있는데요, 제가 질문을 드려도 될까요?"
"고객님 그렇다면 한 가지 여쭤봐도 될까요?"
"이메일 자료를 보여드리면서 설명해 드려도 될까요?"
"문의에 대한 정확한 답변을 위해 몇 가지 질문을 드려도 괜찮을까요?"

정리하면, 가격 질문에 대해서는 최대한 모호하게 답변하고 레이블링 기술을 이용해 대화의 주도권을 되찾아 오도록 합니다.

Q. 왜 "10분이면 됩니다"와 같은 표현을 쓰면 안 되나요?

아직도 생각보다 많은 세일즈맨들이 "10분이면 됩니다"와 같은 표현을 당당하게 씁니다.

유사한 표현으로 "잠깐이면 됩니다" "5분이면 충분합니다" 등이 있습니다. 언뜻 듣기엔 가망고객의 시간을 빼앗지 않으려는 배려의 표현처럼 들리기도 하지만 사실은 최소한의 시간을 확보해 상품설명 등을 하기 위한 교묘한 영업적 표현에 지나지 않습니다.

의사결정권자와 같이 끔찍하게도 시간 낭비를 싫어하는 VIP들에게 전략적으로 쓰이는 표현이기는 합니다.

하지만 일반적인 경우 기업 내 가망고객들은 이러한 표현에 대해 '믿음이 가지 않는 전형적인 영업사원의 멘트' 처럼 들릴 확률이 높습니다. 그리고 전화상에서 5분, 10분이란 시간은 그들에게 생각보다 길게 느껴질 수 있습니다.

충분히 부담스럽게 느껴질 수 있는 거죠. 왜 그들에게 10분 다큐를 강요하는 건가요? 콜드콜러의 입장에서도 제한된 시간에 묶여 스스로를 불리한 상황에 놓이게 만듭니다.

자신이 준비한 시나리오를 10분 안에 다 마쳐야 하기 때문에 다급

해집니다. 굳이 어려운 상황을 만들어 소통 없는 제품설명회로 꾸밀 필요가 없습니다.

정말 부득이하게 써야만 한다면 "10분 정도 시간을 내주실 수 있겠습니까?"와 같이 정중한 질문형으로 바꾸는 게 차라리 낫습니다. 그렇지 않을 경우, 이 표현은 매우 이기적이고 부정적인 표현으로 간주될 수 있습니다.

Q. 가치 제안을 했음에도 약속 잡기가 어려운 이유는 무엇인가요?

크게 두 가지 이유를 들 수 있습니다. 첫째, 약속잡기는 순간(Moment)의 기술이 아닌 과정(Process)의 기술이라는 것입니다. 가치 제안은 약속 잡기가 잘 작동되도록 설계된 하나의 틀로서 제공됩니다. 하지만 우리가 상대하는 가망고객은 로봇이 아닌 사람이기 때문에 항상 틀에 딱 들어맞을 순 없습니다. 우리가 콜을 시도할 때 가망고객에게 적용되는 2가지의 기본 룰을 이해할 필요가 있습니다.

1. 확률의 문제입니다. 어느 조사에 의하면 가치 제안과 가망고객의 필요가 맞아떨어져 판매가 즉시 일어날 확률은 5%가 채 되지 않는다고 합니다.

2. 심리의 문제입니다. 가치 제안을 하는 콜드콜러는 지금 가장 중

요한 순간에 있지만, 가망고객은 현재 진행중이던 자신의 일을 방해 받은 상태로서 과정에 놓여 있습니다. 기본적으로 가망고객은 자의 적으로 대화할 용의가 없는 상태로 보는 게 맞습니다.

이러한 이유로, 그들의 눈과 귀를 번쩍 뜨이게 할 만한 매력적인 제안이 아니고서는 그들은 이 순간, 일손을 멈춘 채 온전히 콜드콜러 의 말에 집중하기가 어렵습니다. 이때, 유능한 콜드콜러의 역량이 요 구됩니다. 빠른 시간 안에 조치를 취해 그들의 마음속에 곧 자라날 부 정적인 사고들을 제거하는 것입니다. 2가지의 조치 방법을 안내합니 다. 대화 중 틈틈이 활용해 보시기 바랍니다.

1. 오래된 세일즈 기술로서 신경 언어 프로그래밍에 기반한 3F 화법 을 활용하여 가치 제안을 다시 한번 상기시킵니다. 3F는 Feel – Felt – Found의 구조로 되어 있습니다. 예문을 보시죠.

Feel : 고객님께서는 지금 당장은 상해보험이 필요 없다고 느끼시 는군요.
Felt : 얼마 전 제 권유로 상해보험에 가입하셨던 고객님 중 한 분 도 고객님과 같은 말씀을 하신 적이 있습니다.
Found : 그런데 얼마 후에 그분이 지하철을 타러 계단을 내려가다

발을 헛디뎌 크게 다쳐 병원에 입원하게 되면서 병원비 부담 없이 편하게 치료할 수 있었다고 저에게 다시 연락을 주셨습니다.

위의 3F 화법으로 만든 예문에서 Found에 해당하는 것이 바로 가치 제안에 해당합니다.

2. 기술 활용 : 방금 전 배웠던 레이블링 기술을 활용합니다. 아주 요긴하게 쓰이는 기술입니다.

상기의 2가지 조치는 전화를 마무리하려던 가망고객의 생각을 중단시켜 짧은 대화의 단계로 이동시켜 줍니다. 그리고, 우리의 가치 제안을 재고할 수 있도록 기회를 만들어 줍니다. 이 모든 것은 순간이 아닌 과정으로 진행되며 궁극적으로 약속 잡기의 성공률을 향상시켜 줍니다.

Q. 자신감이 떨어졌을 땐 콜 시도를 안 하는 게 좋은가요?

네, 가급적 안 하는 게 좋습니다. 전화 비즈니스에서 목소리는 절대적이고 유일한 소통 수단인데 떨어진 자신감은 고스란히 목소리에 반영되어 전달됩니다. 우선 자신감이 떨어진 목소리는 호감을 사기가 어렵고, 우유부단한 느낌을 주어 신뢰감을 떨어뜨리는 원인을 제공합니다. 특별히, 중요한 대상과 전화 통화를 해야 하는 경우 자신감이 떨어져 있다면 잠시 다른 일에 집중하는 편이 훨씬 낫습니다. 반대로, 상승 기조를 탈 때도 있습니다.

이 때에는 하는 콜 시도 마다 거의 성공을 거두게 되는 데 속된 말로 '작두를 탔다' 라는 말이 나올 정도로 뭘 해도 다 되는 날이 있습니다. 이 때에는 자신감을 바탕으로 평소에 잘 하지 못했던 상위 레벨의 타겟을 공략해 보는 것도 좋습니다.

Q. 전화하자마자 거절을 당하면 자존심이 너무 상하고 스트레스가 쌓입니다. 어떻게 해소해야 하나요?

그래도 기업 대상 비즈니스 쪽은 이런 부분이 좀 덜한 편입니다만, 소위, 보험이나 금융업 같은 업종에 계시는 분들, 그중에서도, 나이가 조금 있으신 남성 콜드콜러분이 젊은 여성 담당자들로부터 이와 같은 일을 겪고 힘들어하시는 모습을 보았습니다.

필자 역시, 이런 일을 종종 겪어 보았는데요, 평소에 자신만의 스트레스 해소 방법이 없으면 감정적으로 힘들어져 일 진행이 어려워질 수 있습니다.

이때, 필자는 개인적으로 '마음 챙김 명상' 을 잘 활용했습니다. 과거 개인사업을 하면서 힘들었을 때 과학명상센터에서 수련도 해 보았고, 서울시에서 주관하는 명상 프로그램에도 참여하여 다양한 수련법을 배우기도 했습니다. 국내에서는 덕성여대 심리학과 김정호 교수가 가장 활발하게 이 분야에서 활동을 하고 계시는데 그분의 책과 관련 강좌를 참고해 보시면 좋습니다. 마음 챙김 명상도 프로그램이 무척 많습니다.

하지만, 필자는 콜드콜링의 업무 특성상 즉석에서 받은 스트레스나 상한 감정을 회복시키는 데 도움이 되는 수련법을 애용했는데요, 바로 알아차림 명상과 걷기 명상이었습니다.

먼저, 알아차림 명상은 세수할 때, 청소할 때, 운전 중일 때, 통화 중일 때 등 일상생활 속의 여러 활동에서 마음 챙김 수련을 응용하는 것입니다. 방법은 매우 간단합니다. 지금 발생한 일에서 생겨난 감정, 감각, 불쾌, 쾌와 관련된 심리적 현상에 집중하며 알아차리는 것입니다. 알아차린다는 것은 이런 것입니다.

'나는 지금 무엇무엇으로 인해 기분이 나빠', '나는 지금 무엇 무엇이 나를 기쁘게 해'와 같이 현재의 심리적 상태를 객관적으로 바라볼 수 있음을 의미합니다. 하는 방법은 통화 중 매우 속상한 일이 생겼을 때 벽이나 허공을 보고 '나는 지금 이 통화로 인해 매우 기분이 나쁘고 자존심이 상해, 그래서 화가나' 등을 작게 읊조리거나 마음속으로 되뇌면서 그 기분과 감정을 관찰하려고 하는 것입니다. 통화 중에도, 통화 후에도 활용할 수 있습니다.

다음은 걷기 명상입니다. 걷기 명상은 신체감각과 균형에 초점을 두는 것입니다. 눈은 정면을 향하고 되도록 발 쪽을 보지 않습니다. 몸을 움직일 때, 다리를 들어 올릴 때 그 움직임과 감각 등에 집중하는 게 핵심입니다. 느리게 걷다가 빠르게 걷다가를 반복하면서 발가락 하나하나의 작은 감각까지도 느끼는 데 마음을 모읍니다. 시간적 여유가 있다면 빌딩 주변이나 가까운 산책로를 이용하면 좋습니다만, 사무실이나 방안에서 해도 좋습니다. 어슬렁어슬렁 불규칙적으로 왔다 갔다 하는 것입니다.

필자는 알아차림 명상과 걷기 명상을 함께 병행하기도 합니다. 어떻든 이러한 명상법이 가져다주는 효과는 현재 발생된 나쁜 감정에 휘둘리지 않고 최대한 객관화해서 그 감정으로부터 빠져나오는 데 있습니다. 말 그대로 수련법이기 때문에 개인차가 있습니다.

이와 같이 본인에게 맞는 해소 방법을 평상시에 알아 놓고 활용하는 것이 매우 중요합니다.

"명품 영업인으로 거듭나라"

사람들은 명품에 열광합니다. 가방이든 시계이든 오죽하면 가짜일지라도 명품을 소유하고 싶어합니다.

이렇듯 뛰어나거나 이름난 물건에 대한 인간의 집착은 거의 본능에 가깝습니다. 비단 상품만이 아닙니다.

명품 요리사나, 명품 투수처럼 한 분야에서 독보적인 성과를 이룬 사람들에 대해서는 열렬한 지지와 더불어 존경심까지 표합니다. 왜일까요? 탁월한 가치가 있기 때문입니다. 탁월한 가치는 하루아침에 만들어지지 않으며 그만큼 사람들에게 오랜 시간 기쁨과 만족을 주게됩니다. 세일즈의 세계에서도 이와 같은 명품 영업인이 존재합니다.

필자는 이들을 일컬어 '슈퍼 을의 마인드로 무장하여 고객 가치를 실현하는 대체 불가 영업인'이라고 정의해 보았습니다. 슈퍼 을은 겉으로는 을의 형태를 취하고 있지만 실상은 탁월한 가치 영업으로 갑을 좌지우지하는 주도적인 영업 리더를 의미합니다. 콜드콜러는 이러한 명품 영업인으로 거듭나야 합니다.

세일즈는 고객과의 약속으로부터 시작되지만 그 완성은 지속 가능한 가치 제공에 있기 때문입니다. 그래서 어느 누구와도 대체될 수 없을 만큼 치명적인 매력의 소유자가 되어야 합니다.

지금 이 글을 읽고 계신 분들이라면 충분히 그렇게 되실 수 있습니다. 많은 사람들이 야구나 골프를 인생의 축소판에 비유하듯, 콜드콜링 역시 전체 세일즈의 축소판으로서 여러분의 영업 역량을 총체적으로 끌어올려 줄 것이기 때문입니다.

익숙한 것을 떠나, 낯선 곳을 찾아 나서라

뷰자데(Vu ja de)란 용어를 들어 보셨나요? 혹시 필자가 데쟈뷰(De ja vu)를 혼동해서 잘못 쓴 것 같진 않나요? 우리가 처음 접하지만 예전에 한 번 경험한 것 같은 낯설지 않은 느낌을 가질 때, 이를 가리키는 심리학 용어가 데쟈뷰 입니다.

그런데 이 데쟈뷰라는 말을 거꾸로 쓴 뷰자데가 있습니다. 러시아의 슈플로프스키가 예술창작 이론으로 처음 사용하기 시작한 뷰자데는 우리말로 하면 '진부함을 벗어나 낯설게 하기' 쯤으로 해석할 수 있습니다. 이 말에는 새롭게 변화를 주고 그 변화를 스스로 선택한다는 뜻을 포함하고 있습니다.

우리는 일을 할 때 두 가지 방식 중 하나를 택하게 됩니다. 즉, 기존에 늘 하던 익숙한 방식대로 하든지 아니면 변화를 주어 새로운 방식으로 발전해 가는 것입니다. 익숙한 방식은 편안하지만 많은 사람들이 몰려들기에 경쟁이 치열하고 부가가치가 낮습니다.

반면 변화를 주는 새로운 방식은 약간의 도전이 따르지만 경쟁이 적어 부가가치가 높습니다. 낯선 가망고객을 찾아 새로운 고객을 확보하는 데에는 이러한 뷰자데의 정신이 필요합니다.

필자가 이 책을 통해 제시한 스마트한 콜드콜링은 기존에 해왔던 진부한 방식에 새로움을 주어 여러분들의 세일즈 비즈니스를 보다 생산적인 방향으로 이끌 것입니다. 동시에 여러분의 영업 역량도 빠르게 향상될 것입니다.

필자는 강의 현장에서 '명품 영업인으로 거듭나라' 는 주제를 가지고 특강을 할 때 아래의 세 가지 조건을 도전과제로 제시합니다.

첫째, 명품 영업인은 변화를 리드하고 새로운 목표 시장에 도전합니다.
둘째, 명품 영업인은 CEO마인드로 일하고 세일즈 프로세스를 점검합니다.

셋째, 명품 영업인은 자신의 일을 사랑하고 명품 직업으로 만듭니다.

보시는 바와 같이, 명품 영업인으로 거듭나는 과정은 콜드콜링 역량을 끌어올리는 과정에서 요구되는 조건과 크게 다르지 않습니다. 물론, 콜드콜링 역량이 세일즈 비즈니스의 전부를 커버할 수는 없습니다.

하지만, 진정한 세일즈 비즈니스로 지속가능한 성장을 원하신다면 제일 먼저 콜드콜링 역량을 세우는 데 역점을 두시기 바랍니다.

이는 분명, 여러분의 사업을 성장시키는데 있어 가장 빠르고 쉬우며 효율적인 투자가 될 것입니다.

그리고 머지않아, 명품 영업인으로 거듭나 있는 자신의 모습을 마주하게 될 것입니다.

2019년 봄이 오는 길목에서

이 책을 읽은 모든 분들께 감사함을 담아

박 주 민

참고문헌

- Barry D. Caponi(2011), Contrary to Popular Belief-Cold Calling Does Work: Volume I: Effectiveness, the Art of Appointment Making
- Stephen Schiffman(2014), Cold Calling Techniques (That Really Work! 7th EDITION)
- Tom Buxton(2017), Dating the Gatekeeper: Successful Cold Calling Without Fear or Failure
- Scott Channell(2013), 7 STEPS to SALES SCRIPTS for B2B APPOINTMENT SETTING: Creating Cold Calling Phone Scripts for Business to Business Selling, Lead Generation and Sales Closing. A Primer for Appointment Setters.
- Art Sobczak(2013), Smart Calling: Eliminate the Fear, Failure, and Rejection from Cold Calling
- Robert Conklin(1979), How to Get People to Do Things
- Aaron Ross and Marylou Tyler(2011), Predictable Revenue: Turn Your Business Into A Sales Machine With The $100 Million Best Practices Of Salesforce.com
- Lee Boyan, Rosalind Enright(1992), High Performance Sales Training
- 매릴러타일러, 제레미도노반(2018), 예측가능 프로스펙팅 : B2B 영업 파이프라인을 획기적으로 증대시키는 방안[아이투맥스]
- 닐 라컴, 리처드 러프(2008), 당신의 세일즈에 SPIN을 걸어라. 4: 세일즈 관리와 코칭[김앤김북스]
- 마르틴 림베크(2015), 신개념 세일즈 특강 : 방문판매의 모든 것[로그아웃]
- 마르틴 림베크(2015), 영업의 고수는 다르게 생각한다 : 최고 영업자가 일하는 방식은 무엇이 어떻게 다른가[갈매나무]
- 앤토니 파리넬로(2004), 최고 결정권자를 움직이는 영업기술[김앤김북스]
- 조너선 휘스먼(2017), 세일즈 보스 : 최고의 영업 리더가 알아야 할 세일즈 리더십[책비]
- 나가오 가즈히로(2013), 영업의 가시화 : 1% 영업 베테랑들의 역할 트레이닝[다산북스]

- 로버트 치알디니(2013), 설득의 심리학 : 사람의 마음을 사로잡는 6가지 불변의 원칙[21세기북스]
- 마이클 르뵈프 (2010), 착한 고객[교보문고]
- 앨런 짐머맨(2007), 피봇 : 틀고 바꾸고 비틀어라[한스미디어]
- 브라이언 트레이시(2012), 브라이언 트레이시의 전략적 세일즈 : 당신의 판매 인생을 획기적으로 변화시켜줄 세일즈 법칙과 실천 [BIZ TALK BOOK]
- 팀 어시니(2006), 세일즈맨이여 가면을 벗어라[이코굽]
- 지그 지글러(2007), 클로징[산수야]
- 제프 콕스, 하워드 스티븐스(2003), 마케팅 천재가 된 맥스[위즈덤하우스]
- Joni Wilson(2016), 비즈니스를 위한 3차원 목소리[보이스코칭]
- 롤프 도벨리(2018), 불행 피하기 기술?: 인생을 움직이는 52가지 비밀[인플루엔셜]
- 빅터 프랭클(2017), 빅터 프랭클의 죽음의 수용소에서 : 죽음조차 희망으로 승화시킨 인간 존엄성의 승리[청아 출판사]
- 우라노 케이코(2007), 영업 전화테크닉 55[이지북],
- 요시노 마유미(2014), 콜드 콜링 : 즉시 7배 신장 가능한 T.A. 절대 기술[리텍콘텐츠]
- 아키다케 토모코(2017), 1분 목소리 트레이닝 : 같은 내용을 말하는데 결과가 달라진다[아이스토리]
- 구리모토 타다시(2009), 영업의 99%는 신규개척이다[다산북스]
- 토리바 히로미치(2011), 팔지 말고 팔리게 하라 : 도토루 커피의 죽느냐 사느냐 성공 창업기 [코리아하우스]
- 임진환(2016), 영업은 배반하지 않는다 : 영업이 탄탄한 회사는 절대로 흔들리지 는다[쌤앤파커스]
- 이진국(2016), B2B 이미 하면서도 당신만 모르는 세일즈[박영사]
- 박세정(2017), 파이프라인을 구축하라 : 마케팅&영업 | B2B 성공의 지름길[책과나무]
- 박종우, 박형우, 이상민(2017), 전화상담 목소리 분석을 통한 신용 파라미터 추출에 관한 연구 [예술인문사회융합멀티미디어논문지 7권 3호]

- 이송미(2015), 콜센터 연봉 1억녀의 비밀노트 : 텔레마케팅의 모든 것[좋은땅]
- 그린CS/그린CS컨설팅(2011), 콜센터상담 성공노하우와 비전설계 : 상담사를 위한 일과 인생의 성공지침서[한국생산성본부]
- 이성동(2012), 영업 신규개척으로 승부하라 : 영업달인들의 신규고객 개척 바이블[호이테북스]
- 탁윤정(2016), 보험 영업의 달인은 1%가 특별하다[미래와경영]
- 김상범(2017), 영업관리 세일즈 MBA : 경영자와 관리자를 위한 성공하는 세일즈 노하우[푸른영토]
- 조환성(2018), 매출 두 배를 위한 더블세일즈 : 생존이 우선인 자영업자에서 수익을 누리는 자영업 사장으로[BIZ TALK BOOK]
- 정재완(2015), 이 시대 탁월한 리더의 코칭 리더십 실천 노트[매일경제신문사]
- 최인수, 윤덕환, 채선애, 송으뜸, 김윤미(2018), 대한민국 트렌드 2019 : 1인 체제가 불러온 소비 축소[한국경제신문]
- 김난도, 전미영, 이향은, 이준영, 김서영(2016), 트렌드 코리아 2017 : 서울대 소비트렌드분석센터의 2017 전망[미래의 창]
- 이동영(2011), 처음에 반하게 하라 : 상대를 내 편으로 만드는 슈퍼을의 법칙[위즈덤하우스]
- 이상규(2019), 대한민국 리더들이 모르는 온라인 마케팅의 함정 : 현직 광고대행사 대표가 밝히는 진짜 돈이 되는 온라인 마케팅 실전 팁[나비의 활주로]
- 최진기(2018), 한 권으로 정리하는 4차 산업혁명[이지퍼블리싱]
- 이동우(2018), 미래를 읽는 기술 : 제4차 산업혁명 시대, 책 속에서 찾은 비즈니스 인사이트[비즈니스북스]
- 한봉주(2014), 어떻게 자신을 변화시킬 것인가[미래지식]